Marco Lodoli

Isole

Guida vagabonda di Roma

Einaudi

Prima edizione «I coralli»
www.einaudi.it

ISBN 978-88-06-19297-6

Isole

Guida vagabonda di Roma

a Giordano e a Tobia,
romani del mondo

Scantonare, ecco cosa ci piace fare: fuggire via dalla pazza folla e imboccare un vicolo a caso, gettare l'occhio in un cortile, frugare tra le pietre della città alla ricerca di un'isola nascosta.

Oggi è domenica e tanta gente si travasa avanti e indietro tra Campo de' Fiori e piazza Farnese, spazi adiacenti che raccontano bene l'anima doppia della nostra città, popolare e patrizia, sprezzante e formale, chiassosa e reticente. I tavolini dei caffè traboccano di persone che sfogliano quotidiani e assorbono con indifferenza le ultime notizie e il calduccio del sole di novembre. Ma forse qualcuno ha ancora voglia di scantonare nell'ombra per dieci minuti. E allora potrebbe facilmente raggiungere San Girolamo della Carità, una chiesa all'inizio di via Monserrato, e scoprire quella che è l'opera meno nota di Francesco Borromini. Di sicuro tutti i romani conoscono le linee ardite di San Carlino e Santa Agnese, almeno una volta hanno alzato uno sguardo stupito verso il campanile di Sant'Andrea delle Fratte e verso il tortiglione di Sant'Ivo alla Sapienza: ma la prima cappella a destra di San Girolamo non è meno emozionante. Per i defunti della famiglia Spada, Borromini ha immaginato uno straordinario negozietto di stoffe eterne: un campionario infinito di marmi policromi che fanno pensare a un aldilà gestito da un tappezziere allegro, a un oltremondo di sete e tappeti primaverili sui quali rigirarsi e far capriole senza pesi addosso. La morte vista da qui non è piú una porta angosciosa da superare pregando e tremando, ma una tenda leggera e colorata oltre la quale sbirciare la nuova vita che verrà. E davanti alla cappella c'è la piú bizzarra balaustra che si sia mai vista:

niente austere colonnine, nessun gelido pianale su cui poggiare i gomiti implorando il perdono per i mille peccati, ma due angeli simpatici – evidentemente i bravi commessi del negozio – che distendono fra loro lo scampolo di una delicata stoffa marmorea a righe rosse, un drappo che sembra il sontuoso nastro d'arrivo di un'esistenza fortunata. Se Dio ci misurerà con questo metro, in cielo o all'inferno saremo comunque molto eleganti.

Ogni tanto cerco di riconoscere un'isola nel grande mare della città: e possono essere quadri o alberi, libri o angoli in penombra, statue o fontanelle, luoghi che quasi si nascondono per non essere cancellati, come quei gatti bellissimi che scopriamo accoccolati sotto il parafango di un'auto in sosta e che ci studiano con i muscoli tesi e gli occhi pieni di apprensione, perché hanno visto tanti compagni travolti dalla furia delle macchine. Se per carezzarli ci avviciniamo in modo brusco, loro si ritraggono e non si fanno piú vedere. Ma in fondo il valore delle cose risiede soprattutto nel nostro modo di osservarle: ogni gatto può essere raro e prezioso come una tigre del Bengala, e anche il luogo apparentemente piú banale può meritare una fotografia e una cornice, proprio come un tempio azteco o una spiaggia lontana.

Pensavo a tutto questo mentre stavo seduto in macchina sulla collinetta di via Olina, a Torre Maura. Avevo un'ora di pausa e niente da fare, se non cercare di capire ciò che avevo davanti agli occhi: uno spiazzo desolato e case venute su senza pretese, mattoni a vista e parabole in bilico sui tetti. Al primo piano una donna cinese puliva con cura i vetri delle sue finestre, mentre sul terrazzino la lavatrice ruotava panni colorati. In un cortiletto di cemento giocavano bambini piccolissimi, bianchi, neri, gialli, anche loro si rincorrevano e giravano allegri come i panni nella lavatrice. Poi sono passate tre giovani nigeriane con i volti bassi: nelle buste di plastica tenevano i vestiti striminziti che avrebbero indossato piú tardi, negli stradoni dove andavano a prostituirsi. Su un muro laterale c'era scritto: «Insieme a te è stato un hanno d'amore indimenticabile», scritto proprio cosí, con l'acca. E poi mi è scivolata davanti una Ritmo celeste, mezza scassata, guidata a passo d'uomo da uno zingaro che rideva a crepapelle: in equilibrio sul cofano c'era un gattone spelacchiato, sembrava il marchio di quella macchina, di quella vita. E intanto la cinesina seguitava a lavare i vetri, a renderli sempre piú limpidi, e pareva volesse dirmi: fai anche tu lo stesso, pulisci il tuo sguardo.

A Roma le chiese barocche ci rovesciano nelle pupille cieli grondanti di cherubini e santi, firmamenti sovraffollati di creature aggrappate alle nuvole, stormi d'immagini pensate per sbalordire e raccontare che la vita è un teatro mirabolante dove tutto si tiene in equilibrio per imperscrutabile volontà divina. Non c'è da capire, solo da rimanere a bocca aperta davanti al fasto enigmatico della creazione. Però noi, figli della modernità e del disincanto, difficilmente ci lasciamo sorprendere, guardiamo quei cieli con l'occhio cisposo di chi crede di conoscere tutto e di poter svelare ogni gioco di prestigio.

C'è un'isola romana che contiene una meraviglia perenne: si tratta di arrivare a quella che in città è da sempre chiamata la Chiesa Nuova, lungo corso Vittorio Emanuele, ma il cui vero nome è Santa Maria in Vallicella. La piazza antistante è stata da poco risistemata, tra il codazzo delle solite polemiche, ma stavolta noi non ci badiamo: tiriamo dritti ed entriamo nella penombra secentesca della navata centrale. Sul fondo, dietro l'altare maggiore, appare una grande tela di Pieter Paul Rubens. Probabilmente non è il capolavoro del pittore fiammingo, che anche a Roma ha dipinto opere piú importanti, almeno dal punto di vista della storia dell'arte. Ma per noi che andiamo in cerca di uno stupore perduto, questo dipinto è una vertigine. Il grande quadro contiene un quadro piú piccolo: una madonna con bambino incorniciata d'oro e sorretta in volo da una frotta di angioletti. Altri angeli ammirano da sotto l'ascensione di quella miracolosa icona. Ma non è finita qui: ogni mattina alla stessa ora quell'icona viene rialzata, come una finestrina sulle cartelle della tombola, e dietro appare una piú antica madonna con bambino, un'immagine sacra attorno alla quale tutta la chiesa è stata edificata. Dunque un quadro che contiene un quadro che contiene un quadro. È come l'accenno a una numerazione che tende all'infinito, un sasso miracoloso che rimbalzando sull'acqua dei secoli porta il mistero della maternità fino a noi, minuscole pozzanghere, batte nei nostri occhi attoniti e va oltre.

Quanta fatica costa agli uomini costruire un muro, una casa, e opere ancora piú imponenti, immense. Da mesi, quasi da anni, osservo le cinque poderose gru che aiutano gli operai a innalzare il complesso del nuovo Auditorium, nello spazio dove un tempo i transessuali vendevano le loro grazie. Sembra un lavoro che non finirà mai, un cantiere perenne di polvere e carriole, un viavai di camion e materiali, ed è difficile immaginare che un giorno quel disordine diventerà un armonioso insieme di cupole e di sale dove i violini intoneranno la musica piú sublime. Visti dalle rampe del viadotto di corso Francia gli operai paiono formiche alle prese con un compito tremendamente piú grande di loro: eppure ce la faranno, perché è nell'essenza della volontà umana affrontare sfide spropositate e vincerle.

Ma l'isola di oggi non è l'Auditorium, su cui tanto già è stato detto: è un'altra nobile e immane fatica, un'altra meraviglia. Chi imbocca il viadotto arrivando da viale Tiziano e da lassú ammira il fervore del cantiere, forse non si è mai accorto di cosa cresce su quel braccio di strada, appena oltre il guardrail. A volte ci stupiamo di un ciuffo d'erba spuntato in una crepa dell'asfalto, e ci domandiamo dove abbia preso la forza per affacciarsi a quell'esistenza impossibile, quanta sconsiderata voglia di vivere l'abbia spinto a pretendere un po' di cielo e qualche goccia di pioggia. Ma su quella curva del viadotto, giorno dopo giorno ho visto alzarsi un albero, un signor albero. Sotto di sé ha solo uno zoccolo di cemento durissimo, attorno ai suoi rami gagliardi il fumo delle macchine e il frastuono del traffico: nessuna delle implacabili leggi della natura gli permetterebbe di farcela, eppure è sempre piú grande e piú bello, e gli uccelli si posano tra le sue foglie. Ogni volta che si passa di lí bisognerebbe inchinarsi di fronte a quel mistero gaudioso, portargli rispetto. Non so neanche che specie di albero sia, è puro coraggio vegetale, il segno di una necessità che dimentica la fatica. Dall'alto della sua naturale maestà, quell'albero protegge il cantiere degli uomini.

Com'è diventato complicato incontrare gli amici! La città pare un campo di battaglia impossibile da traversare, un blocco di lamiere frementi e di malumore che invita a rimanere fermi là dove si sta, nel proprio quartiere, nel proprio isolato, nel proprio buco.

Se si parte per un appuntamento, subito ci si ritrova fuori tempo massimo, fusi nella colata di macchine che si solidifica attorno, persino pentiti di quell'idea balzana di ritrovarsi in un bar con un amico perso di vista da tempo. E altro tempo passerà, e forse la colpa non è solo di quel nodo di metallo e smog che soffoca, è la vita stessa che c'impedisce di fare quattro chiacchiere in santa pace con una persona cara: ognuno di noi ha mille cose da fare e l'appuntamento slitta, rimandato alla settimana successiva, o al mese dopo, o all'anno che verrà – sarà per quando avremo un po' di tempo da dedicare a noi stessi. Si finisce per perdersi definitivamente o per incontrarsi a caso, in una via del centro o a una festa, con l'imbarazzo di non essere stati capaci di volerlo davvero. Sono incontri che preludono alla separazione definitiva.

Cosí l'isola di questa mattina è destinata all'Appuntamento Infallibile, alla curva dove da millenni – inevitabilmente, amorosamente – si accoppiano l'Aniene e il Tevere. È un luogo bello e nascosto, perfetto per un incontro clandestino. Bisogna lasciarsi alle spalle ponte Milvio, percorrere viale di Tor di Quinto fin oltre il cavalcavia dell'Olimpica e subito dopo imboccare una stradina sulla destra. C'è da passare accanto a un campo di nomadi e a dieci campi sportivi, per raggiungere un circolo di tennis che si chiama *Le Mirage*. Entriamo discretamente e puntiamo il ristorantino che s'affaccia sul fiume: la ricerca non è finita, si deve superare la vetrata, un praticello curato e sporgersi dal parapetto di legno. Da lí si vedono i due corsi mescolare le loro acque in un'intesa, oggi come sempre, secondo dopo secondo, gonfi o mezzi asciutti, forse intorbiditi e schiumosi come noi, ma piú di noi fedeli nel rispettare un impegno. E davanti a quell'incontro beviamoci un caffè, magari con un vecchio amico, cercando le parole.

Gli abitanti di molte zone di Roma di certo hanno buonissime ragioni per detestare gli stormi insediati sugli alberi delle loro strade. Capita di vedere macchine parcheggiate completamente istoriate dagli escrementi degli uccelli, e immagino che certe tintorie si siano arricchite a forza di ripulire giacche e cappotti bersagliati. Punteggiato dal guano, l'asfalto presto diventa una pista da circo dove tanti involontari clown capitombolano rischiando fratture e zuccate. Dunque non si può biasimare l'impegno con cui cittadini e autorità tentano di opporsi all'invasione dei pennuti, che in città trovano briciole a milioni e il conforto di caldi termosifoni e non vogliono tornare a patire in campagna.

Però è bello, certe mattine, dimenticare doveri e problemi e fermarsi ad ammirare quelle isole volanti in mezzo all'azzurro e alle nuvole del nostro cielo. Sembrano uno scherzo dell'aria, opere lievi e perfette con cui per un poco i volatili ci ripagano di ogni pesantezza terrena. È come guardare le onde o il fuoco, un teatro che non stanca mai: le linee si aprono a ventaglio, si richiudono, da un lato quell'ombra celeste s'avvalla, dall'altro s'impenna, e sono gorghi e velature, capriole e riccioli, e neanche per un attimo quell'immagine resta ferma e uguale. Sembra di poggiare l'occhio sul caleidoscopio che c'incantava da bambini: è una metamorfosi continua, qualcosa che eternamente si smembra e si ricompone seguendo un ordine armonioso.

Quello che forse sanno in pochi, e che mi è stato garantito da un esperto del fenomeno, è che tali incantevoli evoluzioni non nascono dal capriccio o dalla giocosità degli uccelli. Se riuscissimo a osservare piú da vicino, vedremmo nei pressi di quella giostra aerea il punto feroce di un falco pellegrino. Anche lui è sceso in città dalle colline, e non cerca un tocco di pane ma carne viva. Da solo si getta a caccia di qualche uccelletto, e allora gli stormi si difendono girando e rigirando nel cielo, ammassandosi e spandendosi secondo gli attacchi del rapace. Ogni bellezza, dunque, ha il dolore accanto, ogni opera d'arte è sempre una lotta contro la morte.

Dopo il fragore del capodanno, dopo le infinite rullate su un'altra pagina del calendario da girare, dopo i botti sfondatimpani, i concertoni in piazza e i messaggi alla nazione e al mondo intero, andiamo a cercare l'isola del silenzio, un'isola di pietra e di ovatta che da secoli resiste alla marea delle chiacchiere. È la chiesa dei Ss. Quattro Coronati, nella via omonima, per non sprecare altre parole. Nel sudicio prato davanti al complesso monastico gira una povera pazza che vive in un tugurio di cartoni: a volte si mostra nuda, anche d'inverno, ed è come se dichiarasse nel suo corpo tutta la pena del mondo. Oltre quella pena, oltre quella porta tremenda, si aprono due taciti cortili. Nel primo fino a pochi anni fa c'era un istituto per sordomute; nel secondo c'è la portineria delle suore agostiniane, suore di clausura. Un tempo pensavo che la clausura fosse un'ingiustificabile ritirata dalla vita, che solo la violenza e l'ignoranza potessero costringere delle giovani donne a rinunciare a tutto per niente. Ora capisco che il compito di queste monache è prezioso: è un'energia che cresce e non si sciupa, una cisterna d'acqua pura dove riflettere la propria agitata immagine e placarla. Quando mi sento particolarmente confuso, e cento mani mi tirano e mi spingono senza motivo e – come dice sant'Agostino – «l'anima si moltiplica in fantasmi senza numero», lascio ogni cosa e vado ad ascoltare le suore che nell'abside della chiesa cantano a volte solo per me e, sicuramente, molto spesso per nessuno. Quell'ascolto è piú efficace di qualsiasi intruglio farmaceutico, è una pace attenta e distaccata, un'immersione nel fosco dei propri pensieri, che a poco a poco si sciolgono e diventano cosí chiari da sembrare trasparenti, leggeri, spesso inutili. Ogni giorno le suore cantano l'ora terza, la sesta, la nona e i vespri, non è difficile ascoltarle per chi passa di là. Dalla navata di sinistra si accede, poi, a un bellissimo chiostro del XIII secolo che aspetta il restauro o lo sgretolamento: tutto il giro del porticato sono poche decine di metri, un equatore minimo e silenzioso che avvolge e ricompone il chiasso del pianeta.

La notte dovrebbe essere il regno dell'indistinto, il tempo in cui si allentano le forme e i ruoli nei quali ci costringe la luce del giorno. Le tenebre dovrebbero permetterci di uscire per un poco da noi stessi e d'incontrare gli altri al di fuori da quella recita diurna dove ognuno ha la sua parte già scritta. Purtroppo anche quelle ore di confusa libertà sono state conquistate dalle corporazioni, e cosí accade di trovarsi malinconicamente stranieri in locali affollati solo da compiaciuti professionisti, o da sdruciti alternativi, o da festosi gay, o da aspiranti ballerini di tango, o da disoccupati cinematografari. Ogni gruppo ha i suoi ambienti da presidiare gelosamente, come i pinguini presidiano i ghiacci e le api l'alveare. Ma per fortuna esistono ancora porti franchi dove il pinguino e l'ape possono bere gomito a gomito. Per esempio il bar *Castellino* di piazza Venezia, eternamente aperto, ma che soprattutto di notte, verso le quattro, le cinque, diventa vera terra di nessuno, isola del giorno dopo e del giorno prima, meridiano traversato dalle tante esistenze parallele che solcano la nostra città. Qui convergono i nottambuli e i solitari, quelli che ancora non vogliono andare a letto, quelli che già si sono alzati e quelli che a dormire non ci vanno mai: tabagisti alla ricerca disperata di sigarette, studenti a caccia dell'ultimo numero di «Zagor», transessuali e netturbini in pausa, vecchi con il cane incontinente, donne luccicanti e uomini in smoking reduci da qualche festa, vagabondi, polacchi ancora assetati, ragazze smaniose, giapponesi fuggiti dall'albergo, cuori spezzati e coppie d'amanti, anime perse. Il *Castellino* offre un effimero riparo a tutti, come strappato mantello di Vergine: e ciò che ognuno è, tanto o poco che sia, viene scambiato nelle piú incredibili conversazioni. Si comincia dicendo che fa un po' freddo e si finisce sui massimi sistemi, si osano vertiginosi riassunti della propria vita e del destino del mondo, si ascoltano vicende inaudite, si fanno progetti comuni e ci si saluta per sempre. Nel cuore della notte, in quel bar, le mille paure del giorno diventano una pura confidenza.

Il piú celebre quadro di Arnold Böcklin, vissuto molti anni a Roma nella seconda metà dell'Ottocento, s'intitola *L'isola dei morti* ed è un'immagine perfettamente lugubre, una visione notturna e spettrale che mette i brividi addosso. Anche l'isola di questa giornata potrebbe portare lo stesso titolo: si tratta infatti di un cimitero, ma è il cimitero piú rasserenante che si possa desiderare, un giardino morbidamente sospeso in cima alla città, dove è bello passeggiare e pensare.

Se scendete per via della Camilluccia, inoltratevi per una straducola da niente che si chiama via dei Casali di Santo Spirito. Andate fino in fondo trascurando un parco giochi e uno spiazzo dove i cani vengono condotti a svagarsi: troverete un cancello imponente e una doppia iscrizione sulle colonne: «Cimetière militaire français – Campagne d'Italie 1943-1944». Oltre quel cancello si solleva un colle verdissimo di ulivi e cipressi, e nell'erba sempre fitta e rasata si allineano le tombe dei soldati francesi morti in Italia durante la Seconda guerra mondiale. Erano tutti ragazzi, cosí ci raccontano le date incise nelle pietre, finiti a vent'anni o poco piú sul Garigliano, sulla Chiusa di San Michele, sul monte Majo, ed è una sorpresa vedere quanti di loro siano sepolti sotto la mezzaluna islamica, a quanti Omar, Ahmed, Mohamèd sia toccato di venire a morire per la nostra libertà. Di loro ci ricordiamo solo per quel brutale episodio narrato nella *Ciociara*, quando madre e figlia vengono violentate da soldatacci marocchini. Ma queste tombe raccontano la dolorosa storia di centinaia di poveri fanti magrebini che hanno sofferto e sono rimasti qui per sempre. Le croci dei francesi di Francia e degli ufficiali stanno piú su, piú al sole, secondo una gerarchia tutta terrena e poco comprensibile.

Si cammina nel silenzio tra quei nomi stranieri, fino a giungere a un affaccio bellissimo sulla città. Dietro le spalle c'è la pena lontana della Storia, davanti agli occhi, laggiú, il movimento vivo di Roma, e anch'esso sembra lontano come i monti innevati all'orizzonte. In mezzo ci siamo noi, adesso, a raccogliere tutto questo.

Da secoli una barca di pietra sta ormeggiata davanti all'isola di questa domenica: è la celebre Navicella al Celio che, come per contagio, denomina anche la chiesa prospiciente. In realtà quella chiesa si chiama Santa Maria in Domnica e fu ricostruita nel 1513 dal cardinale Giovanni de' Medici, poi divenuto papa con il nome di Leone X.

Appena dentro, alzando gli occhi, non troverete un cielo d'angeli equilibristi, nuvole barocche, arditi squarci d'azzurro e d'oro, quello spettacolo stupefacente che in tante chiese romane fu preparato per convincere i dubbiosi ad aver fede nel miracolo della Creazione, nel Dio che misericordiosamente tutto tiene in bilico. Vi apparirà un soffitto di legno chiaro che piú che ai grandi artisti rinascimentali vi farà pensare al falegname sotto casa, o alle tavole e ai trucioli di un antico Borzelli. Ma poi noterete quali straordinarie immagini sono scolpite nel legno, tanto semplici quanto enigmatiche, ognuna isolata in una cornice, come un grandioso mazzo di tarocchi incollato al soffitto. Sono per lo piú visualizzazioni degli appellativi latini della Vergine recitati nelle litanie che chiudono il rosario: Turris Eburnea, Refugium Peccatorum, Stella Matutina e altri, tutti scritti lungo le pareti, da leggere ad alta voce per quanto sono belli.

Ma la famiglia de' Medici era impastata di cultura neoplatonica e pitagorica, e cosí sembra che tanti di quegli asciutti simboli – alberetti, fontane, templi e torri – rimandino anche alla sovranità immanente degli archetipi, a quelle visioni primarie e inquietanti che talvolta produciamo nei sogni. Domina su tutte l'immagine di una barca che porta una grande casa e procede in un mare agitato, dal quale affiorano mostri minacciosi. Probabilmente allude al prodigioso trasporto a Loreto della casa della Vergine, ma guardandola dal basso non si può non pensare al nostro umano viaggio, al nostro incerto modo di abitare la vita. Crediamo di essere a terra, difesi da solide mura, da rassicuranti abitudini, e siamo in mezzo alle onde, sempre assediati dal male e lontani da ogni porto. Eppure sopra la casa di legno vola una colomba, bianca di speranza.

Potremmo fiabescamente battezzare quella di oggi l'isola della seconda opportunità oppure l'isola dello scambio felice. Quante volte abbiamo vagheggiato un luogo magico dove restituire tre giorni grigi e bigi del nostro autunno in cambio di una giornata primaverile. Purtroppo la vita non concede permute, ognuno si tiene il presente che ha e il domani resta un pacco sigillato. Ma nell'universo parallelo dei libri, nel gassoso pianeta della lettura, questo baratto a volte è possibile.

In viale Mazzini, vicino alle Poste, da piú di cinquant'anni resiste la libreria del signor Offidani: dieci metri quadrati in cui transitano tutti i volumi del mondo, un mulino speciale al quale portare le parole che non ci piacciono per provare a ricavarne parole da amare. Offidani sa tutto dei libri, non c'è volume che non abbia sfogliato, di cui non conosca l'origine e il destino: che siano incunaboli pregiatissimi o gialli Mondadori, rari trattati giuridici o romanzetti estivi, atlanti o tomi filosofici, lui li valuta e li inzeppa nei traboccanti scaffali, secondo un ordine che noi chiameremmo confusione. Ci vorrebbe un computer, e qui non c'è – ma nel loro molle hard disk alcune menti umane hanno piú memoria di qualsiasi elefante cibernetico: sono biblioteche di Babele con scale interminabili per recuperare ogni parola. Offidani e il suo socio Gianni appartengono a questa razza, non dimenticano la posizione di un testo, di un foglio, di un nome. E cosí ogni tanto ci ritroviamo clienti di quell'antro cartaceo, in mano abbiamo tre romanzi grigi e bigi ricevuti in dono per Natale o per il compleanno: magari sono ancora avvolti nel cellophane, ma sentiamo ugualmente che non fanno al caso nostro. Piaceranno ad altri, di sicuro c'è chi li sta cercando a un buon prezzo. Noi li daremmo via per un soldo e due chiacchiere, o in cambio di quel primaverile testo di poesia persiana di cui uno sconosciuto, tanti anni fa in treno, ci disse le meraviglie. Ne ricordiamo il titolo a metà e l'autore per niente. Offidani tace, scuote la testa, e poi – da sotto un'enciclopedia per ragazzi – estrae proprio quel fiore. Che bella giornata, che gioia.

L'anima della nostra città è liquida: corre schiumando lungo il fiume che la traversa, s'inoltra nelle antiche terme romane, si arriccia lussuosa tra i marmi delle fontane piú ardite e si offre umile dai tanti nasoni di ghisa sparsi sui marciapiedi. Bella e fresca, l'acqua buona di Roma disseta le gole asciutte, rallegra lo sguardo con le sue capriole barocche e fa pensare al tempo che fugge via spinto dal tempo nuovo, in un cerchio perenne.

L'isola di oggi è una sorgente modesta e generosa. Se vi trovate in piazza di San Salvatore in Lauro, chiamata cosí per il bosco d'alloro che vi prosperava tanti secoli fa, a sinistra della chiesa da poco restaurata, vedrete incassata nel muro l'unica fontanella per cani di tutto il mondo. Risale al 1579 e fu voluta da papa Gregorio XIII: a trenta centimetri da terra un pietoso filo d'acqua sgorga dalla gola di un piccolo leone di marmo che ormai, levigato dal tempo e maltrattato dagli uomini, pare un barboncino spelato. Una scritta latina recita: «Come nel Campo Marzio un lupo, piú mansueto di un agnello, distribuisce Acqua Vergine, cosí in questo luogo un leone piú mite di un capretto getta dalla bocca l'onda trasparente cui presiede una Madonna...»

È bello che a Roma vi sia una fonte dedicata alla disperata arsura di tanti vagabondi che girano senza cuccia né pace. E se una sera vi fermate un poco nella piazza, forse avrete la fortuna di vedere un randagio sbucare da qualche vicolo e dirigersi verso quel rigagnolo da niente: e allora il monumento sarà finalmente completo, sete e acqua, marmo immobile e coda agitata dalla gratitudine. E il pensiero volerà alle ultime righe di *Alonso e i visionari*, il meraviglioso romanzo di Anna Maria Ortese incentrato sulla figura di un animale metà puma e metà cane smarrito, inerme e luminoso quanto il Cristo: «La vita – come le ombre televisive – non è mai nelle nostre stanze, ma altrove. Cosí, chi cercasse il Cucciolo, scruti, la notte, nel silenzio del mondo; non lo chiami, se non sottovoce, ma sempre abbia cura di rinnovare l'acqua nella sua ciotola triste. Non visto, verrà».

Le intricate vie che abbracciano l'isola di quest'oggi recano sulle loro targhe i fantasiosi nomi di comandanti di ventura o di astronomi e geografi: Fanfulla da Lodi, Brancaleone, Romanello da Forlí, Braccio da Montone e poi Cosmo Egiziano, Pomponio Mela, Strabone. L'immaginazione rincorre le remote gesta di chi, con le armi in pugno o con la curiosità negli occhi, provò a ridisegnare le mappe del mondo, tracciando nuovi confini o spostando le stelle. È il movimento eterno della vita che al Pigneto si racconta, l'insoddisfazione di chi non volle accettare le cose per come si presentavano, ma cercò di modellarle seguendo la propria ansia e la propria inventiva. Ma come in ogni trottola colorata è il punto centrale, perfettamente fermo, a sostenere i mille giri e l'inquietudine infinita del moto, cosí il disordine poetico di questo piccolo quartiere romano è retto da una piazzetta che pare fuori dal tempo. Si tratta della piazza dedicata a Copernico, colui che mise il sole al centro del nostro sistema planetario. È uno spazio che sarebbe piaciuto a De Chirico e ai pittori metafisici per la potenza che il vuoto costruisce attorno al pieno dell'unica casa posata nel mezzo. Ci capito ogni volta arrivando dalla Casilina, e ogni volta il mio sguardo è già preparato a quel quadro novecentesco da un annuncio che lo precede di un minuto: sulla sinistra mi sorprende un negozio che vende manichini, uomini donne e bambini fissati per sempre in una posizione, come orologi fermi. Potrebbero essere loro gli abitanti dell'edificio squadrato dalla luce e dall'ombra di piazza Copernico, metà casa e metà castello, dove persino la bandierina di ferro issata sul tetto è consacrata all'immobilità e anche i lenzuoli stesi sulla terrazza paiono indifferenti al vento. Vien voglia di sedersi sulla panchina del minimo giardinetto incuneato in un angolo della piazza, dimenticare l'irrequietezza da capitani di ventura e da affannati geografi dei nostri giorni e, smorzando il fuoco che spesso ci agita, provare la pace di quello strano luogo e immaginarci inquilini di quella casa, affacciati con un sorriso alle sue finestre.

L'isola di questa mattinata è dedicata alla fortuna di certi incroci ideali, dove viaggiatori partiti da lontano per un attimo si trovano e si guardano prima di dividersi. Nel convento della chiesa di Santo Stefano Rotondo, la piú antica chiesa romana a pianta circolare, si ritirò alla fine della vita il filosofo George

Santayana, autore di testi decisivi nella storia del pensiero. Chissà perché aveva scelto proprio questo luogo per morire, lui che era ateo e di un altro paese. Mi piace pensare che sia stato conquistato dalla pace severa e protetta di una stanza e di un giardino che confinano con il suono celeste delle campane. I suoi ultimi giorni, quella stanza e quel giardino sul limitare della morte, hanno ispirato il piú grande poeta moderno americano, Wallace Stevens, che mai con il corpo è stato nella nostra città; ne è nata la poesia «Per un vecchio filosofo a Roma», che si può leggere in un volume meraviglioso sin dal titolo: *Il mondo come meditazione*. Il poeta si rivolge al filosofo in un testo impervio come lo sono le montagne piú alte, dalle quali però si vede piú lontano. «La soglia, Roma, e quella piú clemente Roma | ulteriore, l'una simile all'altra nei modi della mente», e piú avanti: «Il letto, i libri, la sedia, le monache che passano, | la candela mentre si sottrae alla vista, queste sono | fonti di felicità nella forma di Roma... | Perché sentiamo, in tale illuminata vastità | l'effettivamente piccolo, perché ognuno di noi | veda se stesso in te | oda la sua voce | nella tua, maestro e uomo compassionevole, | occupato dalle particelle dei nonnulla». E ancora: «Per un cittadino del cielo eppure di Roma | è la parola della povertà che piú ci cerca. | È piú antica della parola piú antica di Roma...»

Il poeta, quasi leggendo nella mente di un uomo che sta per finire, scopre che la grandezza del pensiero umano, cosí come la grandezza di Roma, per manifestarsi ha bisogno di passare attraverso la pietà dei pensieri piú piccoli, dei luoghi piú semplici. E forse per comprendere qualcosa di noi e dell'infinita città che abitiamo servono soprattutto una stanza e un giardino, incroci dove la dispersa vita si concentra.

L'isola di questa mareggiata resiste tenace alla corrente implacabile del tempo. È un'isola frantumata in mille scogli fioriti sparsi lungo le vie della città, nei tanti luoghi dove un incidente ha fermato la corsa di qualcuno. Ognuno di noi sfiora quotidianamente questi altari stradali: è un attimo – voltiamo lo sguardo per cogliere un nome, una data, una frase – e il traffico ci porta già oltre. E ogni volta ci ritroviamo a pensare come in un solo momento sia stata annullata l'esistenza di una persona che solo un chilometro prima, cento metri prima, stava facendo progetti infiniti, sognava l'estate e le vacanze, accelerava per arrivare in tempo al lavoro, a un appuntamento sentimentale, a casa, e non immaginava che la morte stesse a dieci secondi. I primi giorni dopo la tragedia quel punto maledetto è inondato di fiori e saluti strazianti lasciati dagli amici, e c'è chi lega al guardrail un orsetto di peluche, la sciarpa della squadra del cuore, il testo di una canzone. Sembra che quelle offerte non finiranno mai, che quell'angolo sarà la meta perenne di un pellegrinaggio amoroso, che quel culto privato terrà unite tutte le persone colpite dallo stesso lutto. Ma presto i fiori si seccano, il sole e la pioggia rovinano i pupazzi, e rimangono solo una piccola fotografia, una croce un po' storta, un nome e una data a cui cominciano a mancare lettere e numeri. E si pensa allora che quel ragazzo morto in motorino sia stato dimenticato, perché chi muore giace e chi vive si dà pace. Ma non è sempre cosí.

A ponte Lanciani è finita la vita di Lamberto, io c'ero la mattina in cui la sua macchina è precipitata oltre il parapetto, sarà stato dieci anni fa. So il suo nome perché lo leggo tutte le volte che passo di lí, e so anche che faccia aveva, perché la foto di lui vestito a festa resiste accanto alle parole di una donna: «Mi hai lasciato in un giorno di pioggia, il sole non tornerà piú. Corri a prendermi». Sono cose che si dicono quando il dolore sembra insopportabile, ma poi lo sappiamo che la vita trascina via, come il traffico rumoroso della strada. Però oggi su quella lapide ho visto di nuovo un mazzo di piccole rose.

Questa volta l'isola si rivela dentro uno scrigno di luce, come una gioia smarrita e ritrovata, come la primavera che ci sorprende ogni volta che arriva. È l'isola dell'araba fenice, mitico uccello egiziano capace di risorgere dalle proprie ceneri e di volare leggero nel cielo della rinascita: forse potrebbe posarsi sulle nostre spalle incurvate dalla fatica dell'inverno, raddrizzarle con il suo canto leggendario. Andiamogli incontro, allora, andiamo a trovare questo magico passero là dove una mano antica gli ha dato forma e bellezza. Si tratta di raggiungere la chiesa di Santa Prassede, nascosta in una stradina vicino a Santa Maria Maggiore. Santa Prassede fu martirizzata insieme alla sorella Pudenziana, titolare di un'altra chiesa nei paraggi, ed entrambe appaiono piú volte nei meravigliosi mosaici policromi che scintillano sui muri. È la piú importante opera d'arte bizantina presente nella nostra città, un'enciclopedia di simboli sacri scritta con l'oro e i colori accesi di migliaia di tessere musive. Vale la pena di portarsi nelle saccocce varie monete per l'illuminazione del Sacello di San Zenone – non a caso chiamato il giardino del Paradiso – nonché del grande catino absidale, e per lasciarsi avvolgere da tutto quello splendore. *Ego sum lux*, recita d'altronde un cartiglio in una nicchia che contiene la Vergine e il Bambino benedicente.

Ma dopo essere stati abbagliati, ricordiamoci del primo motivo della visita: l'araba fenice, dov'è? Mettetevi di fronte all'abside e guardate alla sinistra dell'enorme Cristo, saltate San Pietro che tiene il braccio sulle spalle di Santa Pudenziana e scrutate tra le foglie dell'esile palma, simbolo della vittoria: lí sta appollaiato il nostro uccello, metà creatura sacra, metà pollo da rosticceria, rosolato dal calore delle sue infinite resurrezioni. Lo vedrete forse ancora meglio nella cartolina in vendita. Ha l'aspetto di chi si è appena risollevato dalla sua cenere, un po' come noi. Sta posato su un rametto, sembra vacillare nella troppa luce, ma domani volerà, voleremo, nell'aria fresca di Roma.

Capita a tutti di dover portare in giro per la città un amico che di Roma conosce poco o niente, che si ferma solo per un giorno e vuole vedere quanto piú è possibile, e non è mai stanco né sazio. Sono tours de force massacranti, si rimbalza da una parte all'altra incollando affannosamente cupole a rovine, piazze ad affacci panoramici, chiostri silenti a scalinate. Si comincia alle otto di mattina, galoppando freschi e baldanzosi, e si trotta fino a notte fonda, trascinando gambe di marmo. Questi amici sono indistruttibili, curiosi come scimmie, gettano un'occhiata vorace su capolavori che non basta una vita ad apprezzare e già sono pronti a vedere altro, a vedere tutto. «Allora, si va?» domandano frementi, e via, tocca andare, perché l'ospitalità è sacra e perché in fondo vorremmo stupirli in ogni modo. Vogliamo che al momento della partenza (mancano ancora parecchie ore, maledizione) ci abbraccino grati e confessino: non credevo che Roma fosse tanto bella. Un assaggio di qua, un morso di là, cento sguardi veloci e finalmente si è fatta notte. Noi abbiamo recitato la nostra parte al meglio, si potrebbe andare a dormire, ma loro vogliono acchiappare ancora qualcosa, una cosetta rara, un angolo bizzarro. Desiderano fumarsi l'ultima sigaretta in un posto particolare e magari, porca miseria, fare due chiacchiere in amicizia. Potremmo portarli al Celio, in piazza San Giovanni e Paolo, oppure sederci sul muretto di fronte a San Pietro in Montorio, però ormai siamo lontani, e allora puntiamo decisi verso piazza Mincio, il cuore del minuscolo quartiere Coppedè, tra via Po e corso Trieste. È sempre una mossa azzeccata: forse perché saturi delle infinite bellezze romane, gli amici rimangono incantati di fronte a questo borghetto che, in un altro momento, potrebbe sembrare una tragedia del cattivo gusto. Seduti sul bordo della fontana dove a fine anno vengono gettate le piú belle del liceo Avogadro, in mezzo a quelle case di marzapane fuggite dal libro delle favole, davanti a quei portoni fintogotici da cui potrebbe sbucare uno gnomo o una strega, gli amici ci stringono commossi le mani e giurano: la prossima settimana torniamo, sicuro.

Tante volte abbiamo ascoltato le fantasie degli amici in cerca di una casa: a volo d'uccello si passano in rassegna tutte le zone di Roma, scendendo qua e là per immaginare dove sarebbe piú bello mettere il nido. Inevitabile arriva il momento in cui qualcuno, a voce bassa, quasi temendo di osare troppo, dice: l'Aventino. E allora tutti concordano nel riconoscere che quello è un quartiere straordinario, forse il migliore, di certo il piú tranquillo. Ma c'è sempre uno che francamente ammette: però l'Aventino è un po' triste, non so se riuscirei a viverci. In effetti, quelle stradine in salita dove non si vede mai passeggiare nessuno, le quattro chiese austere come fortezze, e poi il giardino degli aranci, battuto di continuo dal vento e dove forse gli innamorati s'incontrano solo per dirsi addio, quelle piazzette cosí silenziose in cui tacciono anche i cani, insomma tutto è rarefatto e sembra alludere a una malinconica aristocrazia del pensiero e del sentimento, a una superiore volontà di raccoglimento e di separazione. L'Aventino è il nostro Tibet, un altopiano spirituale sopra il marasma della vita, e per frequentarlo bisogna saper reggere l'urto di una quiete profondissima.

L'isola dell'Aventino è un libro di parole dolorose e decisive meditate proprio in questo quartiere, perché qui, nell'ombra di piazza Sant'Alessio, volle abitare Cristina Campo, una scrittrice immensa e troppo poco letta. Il suo libro piú celebre è *Gli imperdonabili*, una raccolta di saggi dedicati alla perfezione, ma altrettanto bello – anche se questo aggettivo mi sembra insufficiente per un testo che scuote la vita – è il suo epistolario con l'amica Margherita Pieracci, *Lettere a Mita*, pubblicato da Adelphi. Sono pagine scritte tra il 1956 e il 1977, l'anno della morte di Cristina. Ognuna è il passo di un percorso interiore, di una mulattiera che s'inerpica severa alla ricerca di quell'altro mondo, dove le cose rivelano il loro senso piú vero. «Quando una creatura degna del tuo amore rifiuta di incontrarti in un punto, è perché ti aspetta in un punto piú alto», scriveva la

Campo, e saliva. E intorno aveva il silenzio duro dell'Aventino, questa pace che fa quasi male.

L'isola che oggi andiamo a cercare è una macchiolina di sole su un pavimento: sembrerebbe niente e invece si tratta del prodigioso incontro tra l'intelligenza umana e il moto degli astri, tra il tempo minuscolo delle nostre attese e quello maiuscolo che sostiene la volta celeste. Nella chiesa di Santa Maria degli Angeli, in piazza della Repubblica, c'è una delle piú grandi meridiane del mondo, probabilmente la piú bella. Il primo di questi immensi strumenti astronomici fu costruito da Ulugh Bey, nipote di Tamerlano, nella chiesa di Santa Sofia a Costantinopoli. Sono nomi favolosi, che riportano la nostra fantasia a un'epoca in cui le stelle abitavano l'esistenza degli uomini e il tempo non era fissato strettamente a un cinturino, ma gettava la vita breve dentro una vita infinita.

La meridiana romana fu progettata dal veronese Francesco Bianchini, celebre astronomo, nonché botanico, teologo, filosofo e matematico, e venne inaugurata nel 1702 dal papa Clemente XI. Per comprenderne appieno il funzionamento, per sapere che ore sono, bisognerebbe aver trascorso anni e anni nella biblioteca di qualche monastero: noi moderni, senza piú capire, ci accontentiamo dello stupore che deriva dal viaggio della luce solare che, addomesticata dentro il foro di un alto stemma papale, si lancia da secoli sul marmo del pavimento, precisa come un laser. La linea del mezzogiorno è una listella d'ottone lunga 44 metri, ed è accompagnata a destra e a sinistra da splendidi mosaici che raffigurano le dodici costellazioni, grazie alle quali questo gigantesco orologio racconta anche in quale periodo dell'anno ci troviamo.

Sorprende sapere che lo scopo di questo sapientissimo marchingegno era di definire senza errore la data della Pasqua, che secondo il concilio di Nicea doveva cadere «nella domenica che segue il plenilunio successivo all'equinozio di primavera».

Oggi noi sbricioliamo il tempo in decimi e centesimi elettronici: è il tempo dell'affanno, una sabbiolina di attimi che ci sfuggono disperatamente tra le dita. Diciamo che sono le quindici e ventuno e sette secondi: ma è solo un punto separato dal ritmo delle cose, il tac di una goccia d'ansiolitico.

Piange il cuore a vedere quanti platani si sono ammalati a Roma negli ultimi anni, e quanti sono stati abbattuti per rallentare la diffusione del contagio. Passando per la Nomentana o per Tor di Quinto, là dove correvano ininterrotti filari di alberi, ombra e verde, e vento e uccelletti tra i rami, ora malinconicamente si contano i vuoti sui marciapiedi desolati. È come un bel sorriso che di colpo abbia perduto un incisivo e due canini, e la carie avanza. Bisogna curare i platani, ovviamente, e a ciò provvederanno i bravi giardinieri del comune: ma io credo che anche un pensiero buono possa aiutare, e dunque v'invito ad andare in pellegrinaggio sull'isola verde dove si erge come un totem poderoso il Primo Platano della città, il Grande Vecchio che tanto ha visto e sa.

L'Orto Botanico è il tempio del mondo vegetale: cani e palloni non vi sono ammessi, e viene istintivo passeggiare per i suoi viottoli con un senso di silenzioso rispetto, le mani dietro la schiena e l'attenzione concentrata sulle mille forme che la natura può assumere. Si avanza tra palme egizie e bambú cinesi, cactus e rosmarini, iris e camelie, come in un'enciclopedia illustrata, dove ogni figura è accompagnata dal suo nome. Sembra di essere saliti sull'arca di Noè delle piante: almeno due di tutto, in una varietà che non deve finire. E a un certo punto si arriva ai piedi di una lunga scalinata barocca – opera del grande architetto Ferdinando Fuga – che s'inerpica traballante sui suoi gradini spezzati, dove l'erbaccia la fa da padrona. Il platano è lí, sulla destra, antichissimo e gigantesco, bello e impressionante come gli alberi delle favole. È lí da quattrocento anni, forse addirittura da cinquecento, da prima ancora che Cristina di Svezia fondasse su quelle pendici l'accademia dell'Arcadia. La pioggia e la poesia lo hanno nutrito, e anche la fortuna lo ha protetto fino a oggi, perché di fronte a lui un altro platano, il suo gemello, il suo amico, è stato schiantato da un fulmine dieci anni fa. Solo lui ha resistito a tutto, alto sulla città dove tante cose sono già passate. A lui affidiamo le sorti di tutti i platani di Roma.

L'isola del nostro vagare contiene tutto ciò che serve per sbrogliare un poco la matassa della vita. Sono le sei del pomeriggio, il serpentone che ci ha inghiottito sta riportandoci a casa, e i nostri pensieri sono fermi e bollenti come le macchine attorno. La radio ci rintrona, trilla il cellulare e un clacson ci martella preciso alla nuca. A casa troveremo il televisore acceso, suonerà il telefono e dovremo ancora discutere, e poi magari risolvere un problema e poi uscire di nuovo, per andare in un pub dove la musica riempie tutto e la gente si parla con il collo gonfio. È il momento di abbandonare il carrozzone che tanto, si sa, va avanti da sé, e farsi un giro a piedi per Villa Glori.

La passeggiata dura mezz'ora, ma appena superato il cancello il tempo si dilata e diventa il tempo argentato degli ulivi, quello vertiginoso dei pini romani, quello che sale e scende lungo i viali dei lecci. In mezz'ora osserviamo il tempo scorrere interamente, dall'inizio alla fine: dai neonati nelle carrozzine rimbalza sui bambini che giocano a palla, scivola sulla pelle dei ragazzi che corrono sudati o si abbracciano nell'erba, rallenta nei passi pensierosi dei signori con il guinzaglio in mano, rallenta un altro po' nelle schiene dei pensionati curvi sul giornale. E in cima, nel punto piú alto della villa, il tempo sembra chiudersi oltre la recinzione del centro di cura per i malati di Aids, in quelle malinconiche casette verdi dove non si vede mai nessuno. Cosí si passeggia tra le età della vita e i pensieri si correggono da soli, sistemandosi dentro una parabola.

Ma è bello notare che il tempo a volte contiene delle sorprese: un bambino serio e seduto che legge un libretto, un vecchio in tuta che si allena con i ragazzi, un'elegante signora di cinquant'anni che dorme in mezzo al prato, e lassú, all'ingresso dell'istituto, un ragazzo magrolino e saltellante che ci racconta la sua storia di malato di Aids e giura con un'allegria esplosiva di stare meglio, molto meglio, anche le analisi lo confermano, e non smette di saltare e ridere, vuole che anche noi capiamo bene quanto la morte e la felicità ci stanno sempre vicine.

Per raggiungere quest'isola perfetta, dura come il marmo e vaga come l'infinito, bisogna lasciarsi alle spalle le mareggiate di piazza dei Cinquecento e di piazza Vittorio e scendere per l'impetuoso torrente di via Giolitti costeggiando il molo della stazione Termini, con gli occhi fissi sulla torre rotonda che svetta là in fondo alta come un faro. Proprio lí accanto, prima del tunnel, galleggia la chiesetta di Santa Bibiana, interamente ristrutturata tra il 1625 e il 1627 da Gian Lorenzo Bernini su incarico di papa Urbano VIII. È la prima architettura berniniana ed è interessante, ma è all'interno, in una nicchia dietro l'altare, che troviamo l'opera che toglie il fiato.

Sono universalmente note le sculture del Bernini che si trovano a Roma, i capolavori pagani del museo Borghese e le statue mistiche di santa Teresa e della beata Albertoni: ma quasi sconosciuta è questa santa Bibiana, martire adolescente e bellissima entrata per sempre nella purezza del marmo. Sta in piedi, appoggiata morbidamente a una colonna: una mano regge un ramo dorato di palma, simbolo del martirio, l'altra è aperta e sollevata, come a significare obbedienza a una volontà superiore. Anche il viso è rivolto con dolcezza verso l'alto, e il collo leggermente piegato fa pensare a quel verso che dice: «L'albero di sandalo profuma anche la scure che lo abbatte». Ma è nella veste che si manifesta l'ispirazione barocca di Bernini. Non esiste al mondo ferro da stiro né pensiero razionale che possa spianare le infinite pieghe di quel manto: è un andirivieni di curve e panneggi, un labirinto di stoffa mille volte arricciolata su se stessa, e non si riesce a immaginare quanto spazio occuperebbe se venisse distesa. Forse ricoprirebbe ogni angolo della città, potrebbe abbracciare scale e vicoli, foderare l'universo. È come l'acqua delle fontane del Bernini, contorta in zampilli e nodi liquidi che condensano l'eternità fluente del tempo. Cosí il volto della santa sorge dal groviglio del vestito come l'obelisco di piazza Navona emerge dall'acqua della fontana: è un salto spiccato dal caos del mondo, un pensiero verticale ancora trattenuto dalla vita.

Nel *Don Chisciotte*, il nobile e sgangherato hidalgo promette a Sancho Panza, come premio per la grande fedeltà, un'isola da governare: per un poco la promessa si avvererà, ma sarà un'isola senza mare, un'isola asciutta: un semplice paese. In fondo sono cosí anche queste isole romane, ritagliate nel corpo della città, luoghi preziosi circondati solo dall'oceano frenetico della distrazione. Quando ci sbarchiamo con il nostro motorino, abbiamo davvero l'impressione di trovarci in un posto bello e sconosciuto come un'isola misteriosa, e di poter esserne per qualche minuto gli immaginari governatori.

Un posto del genere è il borghetto di Vigna Mangani, arroccato su una collina sopra via di Pietralata, accanto all'Aniene. Trovarlo non è facile, perché è un posticino timido e riservato, unito al mondo solo da una breve e tortuosa salitella. Se ne sta per conto suo, non disturba e non vuole essere disturbato, difende con grazia la sua quiete. Tante casette basse, con il cortile o il giardinetto, sono sparpagliate per viuzze che paiono viottoli di campagna. Gli abitanti si conoscono tutti, molti sono nati qui, in un tempo arcadico in cui c'erano osterie e forni, vigne e greggi. La ferrovia corre accanto, ma sembra quasi che i treni rallentino educatamente, per non fare troppo chiasso. Nella piazzetta centrale c'è una chiesa. Tante volte abbiamo raccontato le nostre strabilianti chiese barocche, traboccanti di funangeli ed equilicristi, per usare due neologismi che spero accetteranno anche i cattolici piú ferventi. Ma questa poverissima chiesetta di mattoni è altrettanto bella, e forse invita alla meditazione e alla pace piú delle sue agghindatissime sorelle. Santa Maria delle Grazie è probabilmente la cenerentola delle chiese romane: in un'ala si trova un laboratorio di falegnameria che la rende ancora piú umile e sacra. Da un angolo della piazzetta, poi, fa capolino una pizzeria che è campionessa mondiale di risparmio: su panche di legno, con sette euro si mangia una signora pizza e si beve una buona birra. Insomma, a Vigna Mangani il tempo cammina con un passo gentile e onesto, da qui la città sembra solo il racconto di un pazzo.

L'isola che oggi inseguiamo ci raggiunge come l'immagine della cornucopia, quel corno magico capace di rovesciare all'infinito frutta e delizie d'ogni genere. Il mito racconta che il piccolo Zeus giocando strappò un corno alla capra Amaltea, la sua amata nutrice, e allora, pentito e dispiaciuto, promise alla capretta che quel corno sarebbe stato eternamente ricolmo di cose buone da mangiare. La generosa cornucopia della favola è oggi malinconicamente incarnata da pesanti fermacarte di marmo o noiosi gioielletti. Eppure rimane in noi l'eco della sua vitale fecondità e il desiderio d'incontrare nel mondo qualcosa che almeno le somigli.

Se passate da via Barletta, proverete l'emozione intensa di vedere la prima e ultima cornucopia attiva dell'era moderna. In qualsiasi momento del giorno e della notte verrete raggiunti da un profumo inesauribile, il respiro di un forno impegnato senza tregua a offrire squisitezze. E da un antro sotterraneo, spinte dal corno di una scala elicoidale, vedrete uscire persone di tutte le razze e i colori, la bocca allargata da un sorriso e sbaffata da un pennacchio di crema o dal pomodoro di una pizzetta. Questo antro fiabesco si chiama *Dolce Maniera* e – come il pronto soccorso, come gli altiforni delle grandi acciaierie, come il cuore – non smette mai di lavorare per noi. È un negozietto che, senza darsi tante arie, rimane aperto ventiquattro ore al giorno per trecentosessantacinque giorni all'anno, non gli serve nemmeno una serranda, perché la cornucopia non chiude mai. Se ci prende un vuoto allo stomaco o la nostalgia di una merenda perduta, facciamoci risucchiare da quelle scale ritorte e mettiamoci davanti a quel bancone che non si svuota mai. C'è tanta gente, uno scoraggiante muro di schiene, ma in un tempo vertiginoso tutti vengono accontentati e subito tocca a noi. In quella festa dell'abbondanza indichiamo qua e là, cose dolci e salate, e la bella fornaia c'incarta tutti i nostri desideri: non costano quasi nulla, come nei sogni migliori. In un baleno riemergiamo al livello dell'asfalto, dove c'è il mondo vero, cavoli amari e aspre maniere: ma anche la piccola gioia che sta nel nostro sacchetto è vera.

Roma è ricca di piazze che concentrano in sé secoli di cultura e di bellezza, e noi, quando le traversiamo, avvertiamo la densità di quel passato illustre e rispettosamente proviamo ad accordare i passi a tanta armonia, o almeno a non turbarla. Ma nella nostra città ci sono altre piazze, aperte come piaghe, dove è impossibile scivolare in punta di piedi, perché il cuore sbatte contro lo sgomento e lo sguardo si confonde.

Piazzale Pino Pascali è la piazza Navona della pena. È un'immensa distesa squadernata tra la Collatina e la Prenestina, un luogo che neppure lo stradario accoglie, avvallato sotto un colle dove, tra palazzoni sgarbati, s'intrecciano le vie dei piú nobili pittori italiani: Morandi, Carrà, De Chirico. Su un lato del piazzale si aggrovigliano le lamiere contorte degli sfasciacarrozze, tra le quali vagolano affamati branchi di cani selvatici; su un altro si raggruppano le roulotte degli zingari, e davanti all'unica fontanella comunale le loro donne fanno la fila per riempire le taniche e i bambini giocano scalzi. In fondo, verso via Severini, le puttane nigeriane si offrono di schiena, quasi non contassero nulla le loro facce straniere, ma solo i culi, tutti ugualmente rotondi. Verso il cavalcavia, poggiate contro il muro, stanno le prostitute bianche, russe o albanesi, ma anche le italiane, sciupatissime, in attesa dei soldi per una dose d'eroina. A volte, d'inverno, sosta in un campo di spazzatura un piccolo circo che porta il nome del piú sfortunato tra i cugini Orfei o Togni. Per un po' si mette in fila alla fontanella anche un nano con un vecchio cavallo. E su questa umanità ferita, sui ragazzetti rapati che schizzano in motorino, sugli anziani che camminano lentamente sotto il sole a picco, grava la mole fatale del nuovo mattatoio, un lager silenzioso, dal quale fugge soltanto, in certe sere ventose, l'odore del sangue. «Sono tutte creature della vita | e del dolore. | Qui degli umili sento in compagnia | il mio pensiero farsi | piú puro dove piú turpe è la via»: cosí scriveva Saba della sua città vecchia, versi che suonano veri anche qui, nella nostra città nuova.

Ci sono opere d'arte in cui l'intelligenza pare l'elemento dominante, in cui ogni dettaglio sembra prodotto da un pensiero soddisfatto della propria eccellenza. Sono opere che mettono quasi a disagio per la loro perfezione, perché contengono qualcosa di disumano, un'ambizione smisurata, un gusto tutto mentale per le sfide impossibili. A Roma l'opera piú sconvolgente da questo punto di vista è la cosiddetta «Prospettiva di Borromini» di palazzo Spada, a piazza Capodiferro. Possiamo ammirare questo capolavoro cento volte e rimanerne sempre turbati, e ogni volta in un modo piú profondo.

Si tratta di una galleria che parte da un bellissimo cortile interno, un giardino segreto con tre fiabeschi melangoli: noi guardiamo la galleria che appare lunga trenta o quaranta metri, le colonne doriche digradano nella lontananza, i disegni del pavimento si riducono via via che l'occhio si spinge verso il fondo, laggiú, dove alla convergenza di due siepi una statua classica si offre come punto d'arrivo dello sguardo. E invece è tutto un inganno, uno strepitoso gioco di prestigio che ci fa rimanere a bocca aperta. In realtà la galleria è lunga appena otto metri e sessanta centimetri, e le colonne, il pavimento, la volta a botte sono realizzati con un'astuzia architettonica che irride le nostre pupille.

D'accordo, pensiamo, è un'altra furbata barocca, è pura intelligenza che sghignazza alle spalle di noi gonzi. Ma poi torniamo cento volte a vedere quella galleria da luna park secentesco, perché qualcosa ancora ci sfugge, perché dentro quella beffa ottica c'è qualcosa che commuove.

E un giorno leggiamo questi versi di meraviglia e di riflessione morale scritti dal Cardinale Bernardino Spada: «Sotto minime dimensioni si osserva un portico immenso, in un piccolo spazio si scorge un lungo cammino. Meraviglia dell'arte: immagine di un mondo ingannevole. Grandi solo all'apparenza, le cose sono piccole per chi le osserva da vicino. Sulla terra la grandezza non è che illusione». Ecco, finalmente capiamo cos'è che c'inumidisce gli occhi: quella galleria non è solo un gioco sottile dell'intelligenza, è molto di piú, è la verità del mondo stretta in pochi metri.

Questa è la stagione degli scrutini e dei verdetti finali: i professori, rinchiusi in qualche classe afosa, aprono i registri e stabiliscono le medie materia per materia. Poi discutono per ore, soppesando l'impegno di ogni studente, i suoi progressi durante l'anno, e non c'è dettaglio che venga dimenticato, il braccio rotto a febbraio, il fidanzamento con la ragazzina della prima B, le crisi familiari, finché i ragazzi sono quasi tutti perdonati, e comunque per i rari respinti ci sarà una nuova possibilità l'anno prossimo.

Ben altro verdetto è quello che, secondo la religione cristiana, attende tutti noi alla fine dei giorni, quando ci ritroveremo stretti come sardine nella valle di Giosafat e un gesto solo separerà per sempre i salvi dai dannati. Abbiamo bene in mente le tremende immagini del *Giudizio Universale* affrescate da Signorelli nel Duomo di Orvieto, o quelle di Michelangelo nella Cappella Sistina: il diavolo che porta via sulla sua groppa la peccatrice nuda, o quel disgraziato con la mano sulla faccia che si dispera per l'eternità. Meno noto è il meraviglioso *Giudizio Universale* dipinto nel 1293 da Pietro Cavallini nel convento di Santa Cecilia a Trastevere. Il tempo e l'incuria degli uomini hanno distrutto la parte in cui erano raffigurate le schiere dei promossi e dei bocciati, sicché rimane solo la zona dove Gesú, contornato dagli angeli e dagli apostoli, sta prendendo le sue irreversibili decisioni. Sembra proprio un consiglio di classe, Cristo in cattedra come un giovane preside, i discepoli seduti nei loro banchi come tanti professori, le ali dei cherubini come penne colorate per distinguere i voti, Maria e Giovanni Battista a mani giunte come i due insegnanti di religione e di educazione fisica, che supplicano promozione per tutti. Si valutano le materie piú importanti, buona volontà, fede, carità, amore per il prossimo, e le piú lievi, fornicazione, gola, accidia. Speriamo che sia davvero cosí, uno Scrutinio Universale simile ai nostri scrutini scolastici, e che l'inferno sia pressoché vuoto, perché potevamo andare meglio, ma in fondo abbiamo tutti frequentato la scuola della vita.

L'isola di questa mattinata s'impenna ripida e ardita sopra le morbide linee della città. Da sempre Roma viene paragonata a una donna bene in carne, un po' madre e un po' zoccola, generosa nell'accogliere tra le tette dei suoi colli figli e figliastri. È un abbraccio bonario, indulgente, che in breve smorza gli incendi anche nelle coscienze piú arroventate. Qui tutto s'arrotonda, le vite s'allacciano in un cerchio, pochi giorni e le polemiche si trasformano in pacche sulle spalle, le inimicizie in paciose tavolate.

I lievi saliscendi, le molli anse del fiume, le cupole misericordiose, le piazze femminilmente distese: è un paesaggio disegnato con il compasso e la matita grassa, dove gli spigoli vivi sono invitati a smussarsi e dove, per quieto vivere, vengono cancellate le verità piú aguzze. Qui nessuno dice mai di no, perché tutto si può fare: i cocci, prima che taglino, si possono sempre rincollare, basta una telefonatina, un vecchio compagno di scuola e vedrai che si trova l'accordo buono per tutti. Basta che non t'impunti, che non fai il matto.

Eppure a volte sentiamo il bisogno di uno strappo deciso, di una verticalità solitaria che ci sottragga al tepore palustre degli abbracci e sollevi di slancio i pensieri. Allora la cosa migliore è prendere il motorino e affrontare l'erta piú vertiginosa della città, il mitico K2, cosí battezzato dal timore reverenziale di noi cittadini. Superati i tunnel sull'Olimpica si arriva allo slargo sopra allo stadio: sulla destra il bar *Chalet* richiama idee dolomitiche, e le cupole che coprono le gradinate paiono d'improvviso le tende di audaci scalatori e dei loro sherpa. Un respiro e via, su per la salita mozzafiato, nell'ombra degli alberi fitti. È un'erezione rapida e intensa, il desiderio s'arrampica, s'immaschilisce, metro dopo metro cresce l'orgoglio d'essere finalmente uomini soli sulla parete rocciosa dei nostri pensieri, lontano dalle gonne materne della città, da quel girotondo vizioso dove tutti si tengono per mano come bambini. Giunti sulla cima ventosa e innevata leggiamo sulla targa il vero nome del micidiale K2: via Edmondo De Amicis, e quel nome di zucchero sembra una beffa.

L'isola dove approdare quest'oggi è una piccola baia umilmente accostata alla poderosa abbazia di San Gregorio al Celio, dove è stato officiato il funerale di Vittorio Gassman. Bisogna salire la scalinata e voltare a sinistra, superando una porticina quasi sempre aperta. In fondo a un prato s'apre una modesta architettura composta da tre bassi edifici disposti ad arco, per molto tempo abbandonati ai vandali e ai disperati e, dopo un lungo restauro, finalmente restituiti alla città.

Il cuore di questo luogo è il *Triclinium Pauperum*, ovverosia la tavola di marmo dove san Gregorio ogni giorno rifocillava dodici poveri e dove, cosí almeno racconta la leggenda, come tredicesimo ospite apparve un angelo. Attorno a quel nucleo di pena e di carità hanno lavorato grandi artisti romani del Seicento, lasciandoci affreschi, statue e quadri meravigliosi. Chi ha apprezzato *L'idea del bello*, la splendida mostra a Palazzo delle Esposizioni, deve assolutamente visitare questi tre oratori: ritroverà Guido Reni, il Domenichino e Lanfranco, e in piú Nicolas Cordier, il Pomarancio e Antonio Viviani, e capirà ancora meglio come la grande arte nasca sempre vicino al dolore, come ogni armoniosa immaginazione cresca dal sentimento della fragilità umana.

Cosí ho ripensato anche al buon Vittorio, alla sua dura depressione, a quella lastra di marmo interiore che a volte gli rendeva la vita quasi insopportabile. Tutto ciò non gli ha impedito di essere un uomo e un artista generoso, di avere per anni tenuto la sua casa sempre aperta agli amici, la tavola sempre apparecchiata, e di averci regalato personaggi indimenticabili nella loro travolgente vitalità. È come se quel fondo buio, disperato, gli avesse concesso una migliore conoscenza del destino degli uomini, creature minime ma capaci di slanci potenti. Guardavo nel terzo oratorio la banda di angeli suonatori dipinti da Guido Reni: soffiano nelle trombe, percuotono i tamburelli, strimpellano i liuti e sono belli e simpatici. Proprio come ha fatto Gassman, quegli angeli suonano e cantano una canzone piena di vita, ma non dimenticano la tavola della miseria da cui si sono appena alzati.

In una lettera da Roma, Leopardi raccontava al fratello Carlo la delusione per l'ambiente intellettuale e mondano che vi aveva trovato. Gli piaceva, invece, la strada che sale alla tomba del Tasso, al Gianicolo: «È tutta costeggiata di case destinate alle manifatture, e risuona dello strepito de' telai e d'altri tali instrumenti, e del canto delle donne e degli operai occupati al lavoro. In una città oziosa, dissipata, senza metodo, come sono le capitali, è pur bello il considerare l'immagine della vita raccolta, ordinata e occupata in professioni utili».

Se Giacomo fosse ancora qui e volesse provare di nuovo quelle impressioni, oggi lo porterei al Mandrione. Il nome, come quello delle vie limitrofe – l'Acqua Bullicante, Torpignattara, la Maranella – evoca un dopoguerra difficile, la miseria e l'esistenza selvaggia dei ragazzi di vita raccontati da Pasolini. E in effetti di quegli anni in salita rimangono segni ancora oggi visibili, come i resti delle disperate stanzette ricavate dentro le arcate minime dell'acquedotto romano. Là sotto si scorgono finestrelle squarciate, intonaci sgretolati, brandelli di carta da parati: la pena di un passato spaventoso e insieme la forza di chi a ogni costo ha voluto crearsi una tana dove resistere.

E forse proprio grazie a quella lezione ostinata qui si è sviluppato, tra le pietre dell'acquedotto e il fischio della ferrovia, un borgo antico e nuovo, una lunga carovana di laboratori e piccole imprese. Tappezzieri, fabbri, falegnami, pasticceri, meccanici, piastrellisti, materassai, montatori di infissi, hanno trovato al Mandrione la loro strada, un posto tranquillo dove lavorare in pace. Nei cortili davanti ai capannoni vanno e vengono camion e furgoncini, ma non c'è mai quel rumore pazzo che tormenta la città. E a quegli artigiani si sono aggiunti nel tempo giovani grafici, architetti, fotografi che hanno trasformato edifici cadenti in studi moderni. «Le fisionomie e le maniere della gente che s'incontra per quella via – come scriveva Leopardi – hanno un non so che di piú semplice e di piú umano e dimostrano i costumi e il carattere di persone la cui vita si fonda sul vero e non sul falso».

Tanti laghi colorano la carta della nostra regione con i loro cerchietti azzurri. Alcuni, come Bracciano e Bolsena, sono abbracciati da boschi verdissimi e schiere di villette dove la gente di città cerca riposo; altri, come Nemi, stanno incassati misteriosamente in fondo a un precipizio; altri ancora, per esempio il lago di Vico, conservano qualcosa di selvaggio, quasi l'acqua avesse a lungo combattuto prima di farsi rinserrare per sempre tra quelle sponde. Tutti, comunque, ci rimandano una quieta malinconia, come se in loro vedessimo riflessa la nostra impossibilità di uscire da noi stessi, di trasformarci in un festoso torrente che scapicollando corre al mare infinito che tutto accoglie.

Guardiamo il lago di Castelgandolfo e poi quello di Nemi, che da millenni stanno uno accanto all'altro e non s'incontreranno mai, e pensiamo che la vita è un po' cosí, stare tutti vicini gli uni agli altri senza riuscire ad amarsi, o almeno a capirsi.

Anche i graziosi laghetti all'interno di Roma ci fanno passeggiare sulle loro rive con le mani in tasca e la testa persa in riflessioni solitarie. Bordeggiamo le acque rotonde di Villa Ada o di Villa Borghese e ci sembra di girare attorno a noi stessi, e a poco a poco di conoscerci meglio, di accettarci per ciò che siamo, laghi che sognano l'oceano. E cosí una di queste mattine, se ci avanza un po' di tempo, entriamo nel palazzo della Cancelleria, in corso Vittorio Emanuele. È un palazzo importante, fu sede della magistratura ecclesiastica e nel 1849 vi fu proclamata la Repubblica Romana: ha un bellissimo cortile interno che forse è opera del Bramante e un salone affrescato dal Vasari nella prima metà del Cinquecento. Ma non sono questi i motivi della nostra visita. Il nostro obiettivo è il minuscolo lago che giace prigioniero in fondo al palazzo. Forse lago è una parola grossa per questa pozza chiusa in una stanza, per questa povera acqua raggomitolata nel buio: nulla saprà mai del mare e neanche del cielo, ma per un momento saprà qualcosa di noi che nella sua eterna solitudine ci specchiamo.

Le grandi mostre sono calamite potentissime: stranieri e romani, sbracate scolaresche e forzati da torpedone s'incollano in lunghe file per vedere i capolavori dell'Hermitage o di Monet.

Ci si prenota addirittura con settimane d'anticipo, e poi, una volta entrati, ci si accalca attorno ai quadri da cartolina e si scivola davanti agli altri, via di corsa verso la libertà dell'uscita. Altri musei, invece, rimangono desolatamente vuoti.

Alla Galleria Comunale d'Arte Moderna e Contemporanea di via Crispi i custodi sbadigliano nel nulla: eppure su quelle pareti sono appese opere di pittori che hanno reso visibile l'anima della nostra città. Vale la pena pagare il biglietto, magari solo per vedere *La demolizione di via Giulia*, un quadro del '36 di Mafai, oppure *A foglia morta*, un piccolo olio di Sante Monachesi del 1940, dove Roma, vista dal cielo di una foglia cadente, s'avvolge in una morbida spirale. E soprattutto non si può perdere *Il Cardinale Decano*, uno dei piú sconvolgenti dipinti di Scipione, un giovane che a quindici anni vinceva i campionati d'atletica leggera e a trenta era già morto, distrutto dalla tubercolosi. «Iddio, salvami, caccia i miei nemici, castigami, che io senta le mie colpe in vita: ma voglio la salvezza, voglio dormire puro come il pane, voglio gettarmi sulla terra senza contaminarla», scriveva Scipione pochi giorni prima di morire, nel '33. Tutta la sua pittura sta lí, in bilico tra la rovina e la speranza di una vita nuova, tra l'apocalisse e la palingenesi, nel rosso convulso di un tramonto che non vuole consegnarsi alla notte. Quello del *Cardinale Decano* è il ritratto distorto del novantenne cardinale Vannutelli seduto in trono davanti al colonnato di San Pietro, sotto angeli di pietra che paiono diavoli. Scipione rappresenta il volto arcano del potere assoluto, il suo dominio misterioso sui simboli della vita, la sua sublime indifferenza: quel vecchio cardinale sembra non temere la morte perché è da lí che proviene, come uno spettro, per controllare i moti effimeri dell'esistenza. Era un grande pittore, Scipione, un ragazzo che «voleva forzare la città a rivelare il suo disperato lirismo»: ha avuto poco tempo, ma l'ha usato fino all'ultimo secondo, anche per noi.

Ettari ed ettari di coloratissimi cartelloni pubblicitari invadono la città, appendendosi al cielo, agli alberi, alle facciate dei palazzi in via di restauro.

Ovunque si giri lo sguardo c'è qualche gigantessa maliziosa che c'invita a indossare, ad abbonarci, a leccare. Sotto quelle immagini ciclopiche e smaltate di felicità trionfante ci sentiamo piccoli e colpevoli per le nostre fugaci malinconie, un popolo di nani che consuma invano la propria vita perché non consuma abbastanza.

C'è solo un cartellone che mi fa tanta simpatia e che, senza volerlo, m'incoraggia a pensare cose diverse. Sta davanti a Regina Coeli, piazzato sopra la breve discesa che dal Lungotevere porta alla Lungara. È la pubblicità della *Cereria Di Giorgio*, un'azienda che da piú di cento anni fornisce candele a tutta Roma, e mostra uno stormo d'angeli paffuti che reggendo il moccolo vola verso di noi, spinto da una luce paradisiaca.

Sembra l'illustrazione di un libro di favole, ha colori lievi, un disegno un po' ridicolo, non si capisce come possa sopravvivere tra le aggressive invenzioni dei grafici e dei pubblicitari odierni. Però ci colpisce e ci porta a visitare il negozio che sta proprio lí dietro, in via San Francesco di Sales.

Lí vive un mondo parallelo, fatto di cera e di stoppini, pronto ad ardere e a sciogliersi. Molta della produzione è ovviamente destinata alle chiese, sono le infinite candele che qualcuno accenderà sperando di guarire, di avere un figlio, di trovare un lavoro. Ma accanto a quelle affusolate richieste, la cera accoglie ogni figura: polipi, cani, conchiglie, mucche, rane, elefanti, colombe, foche, e ancora cubi, sfere, stelle, tortiglioni, piramidi, e nella cera il profumo di ogni pianta, menta, anice, limone, muschio, rosa e felce, e sulla cera gli alfabeti d'ogni lingua, simboli taoisti, buddisti, ideogrammi, caratteri cirillici. Ogni candela è pronta a essere accesa e a consumarsi, a perdere a poco a poco la sua forma, a colare lacrime bollenti e a fare chiaro.

Usciti da quest'inverosimile negozio, per un po' guardiamo

cose e persone in un altro modo: cerchiamo se in cima a loro, a noi, c'è lo stoppino, la fiammella che brucia e che illumina.

Il sole batte a picco e cose e pensieri si appiattiscono sotto la luce pesante dell'agosto romano. Come cani abbandonati vaghiamo per la città in cerca di ombra, di acqua, di luoghi freschi dove riparare il corpo e la mente dal senso di liquefazione che li minaccia. Questa è l'occasione giusta per visitare un'isola sotterranea, una cantina sacra che somiglia all'inconscio, se l'inconscio fosse un luogo di Roma.

Si tratta di calarsi nelle viscere della chiesa di San Clemente, molto sotto i luminosi affreschi di Masolino e l'abside sfolgorante d'oro e di visioni celesti. Bisogna lasciarsi alle spalle anche la basilica inferiore, del IV secolo, dove scorticati dal tempo s'intravedono madonne sorridenti e miracoli dipinti sui muri. Le scale scendono e gli spazi si restringono, sono stanzette e corridoi ricavati nell'umido della pietra, e noi vi giriamo smarriti come nei sogni aggrovigliati della notte. Alle orecchie giunge lo scroscio di una sorgente invisibile, agli occhi una penombra che avvolge chissà quali misteri. Viene il desiderio di risalire all'asfalto e al giorno, ma qualcosa costringe a inoltrarci nel sogno.

D'improvviso ci troviamo davanti a una cancellata di ferro rugginoso che separa dalla caverna del Mitreo. Il dio Mitra è laggiú, una statuetta posata in una nicchia, un giovane partorito dalla roccia, come narra la leggenda. Il suo compito è far nascere tutta la vita animale e vegetale dal sangue di un toro lunare: la scena del sacrificio è rappresentata sull'altare che sta nel centro del Mitreo. Il dio ragazzo, preso dalla pietà e dall'orrore, volge lo sguardo indietro, nel vento che gli agita il mantello, mentre il suo coltello affonda inesorabile nel collo del toro. Un perfido serpentello, inviato dal dio del male, cerca di avvelenare almeno un poco il sangue che cola germinando vita. È un sogno terribile e bellissimo che avviene sotto la volta bucata con undici fori, a raffigurare costellazioni e stagioni. Questa era la religione piú diffusa a Roma prima dell'avvento del Cristianesimo, questo è quanto la terra e la notte nascondono, il simbolo atroce della fertilità. Riemergere alla luce della città equivale a risvegliarsi, a rinascere.

«Nel 1823 ebbi la fortuna di visitare l'Italia, e fui affascinato dal meraviglioso ritratto di Beatrice Cenci che si vede a Roma, a Palazzo Barberini». Cosí scriveva Stendhal in una delle sue piú emozionanti *Cronache romane*, tutta dedicata alla tragedia della famiglia Cenci. Francesco Cenci «pensava agli altri uomini solo per affermare la sua superiorità su di essi, servirsene per i suoi disegni o odiarli»; era un bruto che godeva «a sfidare il cielo» e a tormentare i suoi figli: finí nel sonno, con un chiodo piantato in un occhio da due sicari incoraggiati dalla figlia Beatrice e dalla moglie Lucrezia. Sulle prime la messinscena studiata da Beatrice e Lucrezia resse: il corpo dell'omaccio precipitato giú dalla finestra, la testa sfracellata, il crimine nascosto. Poi qualcuno sussurrò, il sospetto a poco a poco si tramutò in certezza. E cosí Clemente VII, dopo aver a lungo tentennato, incerto se perdonare, come chiedeva il popolo, o dimostrarsi inflessibile, come suggeriva qualche cardinale, firmò infine la condanna a morte delle due donne e di Giacomo, il fratello di Beatrice. Giacomo fu mazzolato e attanagliato, ossia ucciso a mazzate e sbrindellato con aguzze tenaglie. Le due donne furono portate sulla piazza di ponte Sant'Angelo, dove era stato montato il patibolo. Tutta Roma stava a guardare e a piangere mentre la mannaia spiccava dal busto la meravigliosa testolina di Beatrice. La vicenda dei Cenci è stata ripresa da Shelley, Guerrazzi, Dumas, fino ad Artaud, ma l'omaggio piú puro rimane quel ritratto di Beatrice che si può ancora vedere a Palazzo Barberini. Non è affatto certo che sia proprio lei, né che il pittore sia Guido Reni, ma noi speriamo di sí, e speriamo anche che il quadro venga tolto da un angolo dove potrebbe stare appeso l'estintore, per trovare una parete piú degna. «La testa è soave e bella – scrive Stendhal – lo sguardo dolcissimo e gli occhi molto grandi: hanno l'aria stupita d'una persona sorpresa nel momento in cui piangeva calde lacrime». Beatrice si volta indietro e ci saluta con lo sguardo di chi non sa piú che farsene della bellezza: la lascio a voi, sembra dire, perché io vado a morire.

L'isola che oggi ci darà un po' di quiete se ne sta appartata come un'isola del tesoro, lontana dalle scie schiumanti dei pullman e delle torme turistiche, eppure a un passo, appena oltre l'angolo dell'occhio. A volte qualche frammento di comitiva naufragato fin qui getta uno sguardo ansioso cercando qualcosa da fotografare, ma non trova fontane né monumenti, non una facciata barocca, un'ala d'angelo, uno scorcio memorabile, niente. Cosí se ne va, frettoloso com'è arrivato, per tornare nel flusso della corrente.

La bellezza non sempre fa spettacolo, a volte è malinconica, sussurrata, incerta. A volte inizia dentro di noi come un anelito a chissà cosa, come una domanda confusa, e poi si fa ritrovare fuori, e sembra la stessa domanda che è diventata parte della realtà. Prima era un sentimento e adesso è un albero, era invisibile e ora è davanti a noi, le foglie ferme nell'aria ferma dell'estate, avvitato tra la terra e il cielo. Lo splendido ulivo cresciuto nel centro di piazza Lancellotti non sa nulla dei fratelli che verdeggiano sulle colline senesi o nella piana del Salento, non ha notizie neppure dei grandi platani che si tengono compagnia sul Lungotevere, a pochi metri dal suo carcere. Forse immagina di essere l'unico albero al mondo, un mezzo mostro, un'eccezione. Attorno ha una cortina di macchine parcheggiate in quel garage rinascimentale: i paraurti battono fin sul tronco, le ruote hanno spaccato il travertino che proteggeva il suo unico metro quadrato di terra. E subito dietro le macchine, s'alzano le quattro pareti di quella scatola opprimente: un lato di palazzo Lancellotti, una chiesetta diroccata, la facciata d'un palazzo in restauro, un tratto di semplici case. Alle finestre piú basse ci sono grate di ferro, a terra un selciato irregolare. E l'ulivo è lí, al centro della prigione, nobile e solo, come un recluso speciale che non deve avere piú alcun contatto con il mondo. Come il conte di Montecristo o Napoleone a Sant'Elena, rimanda un senso di grandezza e di disgrazia e sembra chiedere anche a noi: per favore, fatemi fuggire da qui, o almeno datemi da bere.

Nulla di poetico hanno gli aeroporti di Fiumicino e Ciampino, luoghi di smistamento masse, di carico e scarico di merce umana: le hostess ticchettano nervose trascinandosi le valigie, gli uomini d'affari camminano lenti, semiaddormentati, per recuperare il sonno perduto, nei bar si sgomita per un panino gommoso, si sbircia il tabellone che indica il gate e l'ora e poi si aspetta sfogliando giornali senza scambiare mezza parola con il vicino. Ogni tanto qualche uomo in giacca e cravatta comincia a gridare nel filo che gli pende davanti alla bocca, oppure qualcuno piega un poco la testa per osservare un cantante o un politico che transita con l'aria di chi deve andare e non ricorda piú dove né perché. Sopra c'è il cielo infinito, le nuvole aggrovigliate, il batticuore, forse persino la morte, ma l'aeroporto è come la hall di un albergo lussuoso: gente che va e viene distrattamente, vetrine di profumi e cachemire, efficienza e malinconia.

Bisogna andare altrove per sentire l'emozione della terra che s'alza verso l'azzurro scricchiolando e tirandosi dietro speranze e paure. Il minuscolo aeroporto dell'Urbe sta sulla Salaria, poco prima del caos della città. Gli edifici all'ingresso sono incredibilmente scrostati e tra gli hangar malmessi girano cani randagi e gatti rognosi. Oltre la rete di metallo stanno parcheggiati gli aeroplani, talmente piccoli e buffi da sembrare vecchi giocattoli dimenticati. Eppure quel luogo ha il fascino dei posti di confine, c'invita a dimenticare il peso delle cose – pagando un biglietto si può – e a volare sopra la città. Proprio accanto alla pista di decollo c'è un bar-ristorante con un bel giardino, dove possiamo bere un caffè, ascoltare i racconti dei piloti e aspettare che qualcuno sfidi il cielo. Se si è fortunati si può vedere uno di quei trabiccoli che cigolando parte all'assalto dell'aria: è poco piú di una sedia con le ali e un'elica che pare mossa da un elastico. Come farà a partire e a reggere il vento? Quanto coraggio gli serve? Eppure quel passero di metallo cigolando si stacca da terra, s'alza, va: e a noi che restiamo a terra, il cuore batte pieno d'ansia e d'invidia.

L'isola di questa vagabonda mattina è nata all'incrocio dei grandi temi della vita – il viaggio, la morte, la conoscenza – e li ha assorbiti con la disinvoltura e la noncuranza tipiche dello spirito romano. Siamo a San Lorenzo: da un lato preme confusamente il sapere dell'università, da un altro l'ansia della ferrovia, da un altro ancora il silenzio eterno del camposanto. Gente che viene e che va, che passa di qui con la valigia in mano o dietro una cassa di rovere, e nel frattempo prova a capire qualcosa di questa breve sosta terrena. A San Lorenzo i problemi si affrontano nel modo migliore, con impegno e con distacco, senza essere travolti da entusiasmi o avvilimenti eccessivi, perché la ferrovia insegna molte cose e il cimitero molte altre, e tra queste bisogna trovare un equilibrio e un senso.

Tanti artisti hanno eletto questo quartiere quale luogo perfetto per dipingere e immaginare. C'è l'atmosfera che serve, inquietudine e pace, movimento e stasi, pub e onoranze funebri. Il centro esatto di tutto ciò è il bar *Marani*, tempio di una civiltà superiore, sempre minacciata dalla prepotenza del mondo, ma sempre viva. Si può aver ammirato ogni sasso della Roma imperiale, ogni quadro nascosto nel buio delle nostre infinite chiese, ma non si conosce veramente la città se non si è perduta pigramente qualche giornata sotto la pergola del bar *Marani* di San Lorenzo. Attorno ai tavolini, bevendo un cappuccino o l'aperitivo, si ritrovano tipi umani che i sociologi tengono artificiosamente separati: paciose massaie e punk bullonati, studenti meridionali fuori corso e incanottati fruttivendoli del mercato, attori pettegoli e vecchi arrabbiati di via dei Volsci, figli di papà con il golfetto e persone normali che si sono fermate per un caffè. Se ne stanno tutti insieme a leggere il giornale, a commentare il campionato, la politica, i fatti degli altri, il niente della vita. Si può parlare, imparare tante cose, dimenticarne anche di piú, e si può stare zitti, a godersi quell'arietta verde e fresca, qualsiasi sia la stagione e il clima fuori del pergolato. La mattina vola via come un uccellino bellissimo, senza lasciare rimpianti.

L'isola del nostro incerto approdo sembra un comunissimo masso e invece è una delle pietre angolari dell'Europa. Bisogna tornare al 778 dopo Cristo, immaginarsi le schiere di Re Carlo che stanno rientrando in Francia dopo i combattimenti contro gli infedeli. Comanda la retroguardia l'eroico Orlando, e non sa di essere stato tradito dal vile Gano di Magonza e che la morte è vicina. Nella gola di Roncisvalle, sui Pirenei, accade il finimondo: a migliaia i mussulmani di Re Marsilio attaccano i cavalieri francesi, che si difendono come meglio possono, ma possono poco. Orlando decapita, trincia, squarta, mutila con la sua Durlindana, ma a poco a poco le energie guerriere lo abbandonano. Nessun colpo ha ricevuto dai nemici, la morte lo sta prendendo per puro sfinimento. Orlando non ha certo paura di morire, però vuole impedire che la sua formidabile spada finisca nelle mani di un fellone, il codice cavalleresco lo pretende. E allora, come racconta la *Chanson de Roland*, «Colpisce Orlando sopra una pietra bigia | e piú ne stacca di quanto io ve ne so dire. | La spada stride, non si rompe o scalfisce, | ma verso il cielo d'un balzo va dritta». In tutti i modi Orlando prova a spezzare la sua Durlindana, «dà cento colpi con cruccio» su quella pietra scura, eppure la lama non si rompe. Il prode Orlando, che ritroveremo intrepido, innamorato e un po' zuccone nei meravigliosi poemi di Boiardo e di Ariosto, per adesso muore a Roncisvalle sdraiato sopra la sua spada intatta, il viso rivolto al nemico.

E sapete dov'è finito quel macigno tanto maltrattato, l'estremo petroso avversario di Orlando? Sollevato dal vento della poesia, delle illusioni, della menzogna, come un meteorite ha traversato i cieli d'Europa e s'è andato a conficcare – quasi si fatica a crederlo – in una stradetta che parte da piazza Capranica: vicolo della Spada di Orlando. La pietrona sta lí, sulla sinistra, e forse neanche lei ricorda il suono acuto dell'Olifante, le grida dei cavalieri scannati, le gran botte che ha preso da Orlando. Sta lí e nessuno la considera, nessuno sa che proprio lei ha raccolto le ultime imprecazioni e le prime lacrime di Orlando.

I romani chiamano «lo smorzo» quel tipico deposito di materiale edile che si trova un po' ovunque lungo le strade di periferia: c'è una rete, un cancello sempre aperto e poi file di caminetti da montare, piastrelle di tutti i generi, tonnellate di mattoni e foratini, palanche d'ogni lunghezza, un cane lupo a catena che abbaia in continuazione, due o tre camioncini scassati parcheggiati nello spiazzo interno, un padrone in canottiera che controlla con la cicca in bocca. Questo è uno smorzo, e sarebbe interessante sapere da dove deriva la parola. Fa pensare a un mondo che viene meno, che si spegne lentamente dopo un gran fiammeggiare: e invece è un inizio, una brace, la premessa di una casa e di un calore nuovo.

Ce n'è uno, ad esempio, sotto il quartiere Alessandrino, sul bordo della Palmiro Togliatti, e ci si potrebbe passare accanto per anni senza farci caso, ma la folla che d'inverno e d'estate fin dall'alba si assembra là davanti costringe a interrogarsi, a riflettere, a patire. Quegli uomini sono manovali rumeni, polacchi, ucraini, e stanno lí, immobili, seduti sul ciglio del marciapiede o dritti in piedi, ad aspettare che qualcuno venga a reclutarli per la giornata, che se li carichi e li porti in qualche cantiere semiabusivo o in un appartamento in ristrutturazione, là dove serve gente che costa poco e conosce bene il mestiere. Hanno facce dignitose e malinconiche, sanno che non possono fare altro che attendere, anche se il sole picchia o comincia a piovere fitto. Sono vestiti come italiani degli anni Cinquanta, pantaloni grigi, camicie a scacchi, giubbotti da grande magazzino, roba comprata a Cracovia, a Bucarest, o in piazza Vittorio. Tutti tengono a tracolla una borsa con gli strumenti e il cibo di mezzogiorno. Fumano in silenzio, parlano niente, aspettano il lavoro. Qualcuno ha vent'anni, ma per la maggior parte sono uomini adulti, e c'è anche qualche vecchio che forse non immaginava di dover ancora inseguire un lavoro sul bordo d'una strada. Verso l'una lí davanti rimangono in pochi, sfortunati, tenaci, decorosi. Il loro coraggio non si smorza e insegna tante cose a chi passa e guarda.

Nell'antichità classica la vita era filata, misurata e recisa dalle tre Moire – Cloto, Lachesi e Atropo – protettrici del destino umano. I quadri e i bassorilievi le rappresentano intente al fuso e al tempo, come divine sartine. Mi viene da pensare a loro ogni volta che percorro via di Fontanella Borghese e mi sorprende una minuscola bottega dove tre signore sono perennemente intente all'ago e al filo, tra montagne di vestiti e di tessuti. Il negozio si dichiara in una modesta targhetta in cui si legge: «Rammendi invisibili», e sta lí dai primi anni Sessanta, e forse anche da prima, forse da sempre.

Quelle signore hanno la pazienza e l'arte necessarie a riparare qualsiasi buco o strappo, a ristabilire una pienezza là dove c'è solo un vuoto. Nel mondo che produce, rovina e getta, loro sono le vestali della continuità e del rimedio. Producono l'invisibile, cioè il massimo della meraviglia. Chi ha devastato l'abito piú bello con la brace d'una sigaretta o con un gancio maligno può ancora sperare che tutto torni come prima, che per un miracolo la disgrazia scompaia, si renda invisibile.

Andrea Zanzotto afferma che la missione del poeta è di restaurare il vuoto che c'è nel mondo attraverso la trama dei versi, «perché all'inizio c'è il vuoto, la negazione». Le rammendatrici di via di Fontanella Borghese fanno lo stesso lavoro, piegate alla luce fissa di una lampada ristabiliscono con gli occhi attenti e gli aghi laboriosi la compiutezza d'una stoffa.

Pochi metri piú in là, lungo via del Corso o nei palazzi della politica, il mondo spinge e tira, urla dalle vetrine e dai banchi, pretende e impone, e spesso volontà esagitate strappano la sostanza della vita. Qui invece tutto è calma, dedizione e cura. Il lavoro è infinito, cappotti, lenzuola, camicie e pantaloni si accumulano come feriti in un ospedale da campo, e ne arrivano di continuo. Il poeta tenta con le parole di riavvicinare lembi lontanissimi, di riparare il danno dell'esistenza – e le tre signore cuciono incessantemente. Il loro mestiere ha il senso stesso di ogni arte che, al culmine della sua virtú, sparisce per lasciare il posto alla grazia trasparente della perfezione.

Spero che qualcuno ricordi uno dei film piú poetici degli ultimi anni, *Ed Wood* di Tim Burton. Non è stato un gran successo, ed è un peccato, perché raccontava in modo commosso ed esilarante la vita di colui che un crudele referendum tra gli esperti di cinema aveva eletto come il peggior regista di tutti i tempi. Ed Wood girò poche pellicole, tutte catastrofiche, ma ciò non toglie che fosse un artista appassionato, dedito al cinema con l'ardore che noi crediamo abbiano solo i geni.

Anche nel Rinascimento romano, nell'epoca dei talenti assoluti, ci fu un Ed Wood. Si chiamava Jacob Cobaert, detto Copé, veniva dall'Olanda e cercò di apprendere l'arte della scultura presso i grandi maestri. Si campò la vita eseguendo modelli per orafi e intagliatori d'avorio, e intanto coltivava il sogno della scultura. Per piú di trent'anni dedicò ogni sua segreta energia all'esecuzione di un'unica opera, un San Matteo commissionatogli dai frati di San Luigi dei Francesi. Il suo biografo cosí scrisse: «Cobaert dimorò a far questa statua tutto il tempo della sua vita, non lasciandola mai vedere a persona veruna, né sapendone cavar le mani, come quegli che non aveva pratica del marmo, e non volea pigliar consiglio o aiuto da alcuno...» Piú di trent'anni di scalpello e di tenacia, e quando infine la statua fu mostrata ai committenti, venne immediatamente rifiutata per quanto era sgraziata e infelice. Gli altri artisti romani producevano un capolavoro dopo l'altro con la facilità di chi sa come fare, mentre Copé si dannò per una sola schifezza. Non si può non provare simpatia per una fede cosí assoluta e fallimentare, e la statua piú brutta del Rinascimento va assolutamente vista, per risarcire il Copé di quella tremenda frustrazione.

Oggi il San Matteo si trova nella chiesa della Trinità dei Pellegrini, a piazza de' Pellegrini. È un delirio di marmo, una figura sghemba, arricciata, indimenticabile. Accanto alla chiesa c'è l'ospizio dove nel 1849 morí per le ferite l'eroico Goffredo Mameli, un altro artista che ha legato il suo nome a un'opera impacciata: ma a volte le intenzioni contano piú dei risultati, e capita di amare anche i nobili insuccessi.

Straordinariamente caldo e piovoso è il cielo di Roma in certe giornate: alziamo lo sguardo e troviamo nuvole frastagliate che a poco a poco si compattano o si sfrangiano, e la luce incupisce tra quelle scomposte tende nere. Guardiamo il cielo cercando di capire come vestirci, perché forse nel pomeriggio pioverà ancora e forse farà ancora piú caldo. Ma ogni tanto, mentre restiamo incerti con il naso all'insú, un'apparizione ci sorprende e ci distrae, e non c'importa piú niente del tempo che farà, la nostra attenzione vola accanto al grande dirigibile che ha ripreso a galleggiare nel cielo della città. Erano anni che non si vedeva piú, dicevano che era stato ritirato per sempre, e invece eccolo di nuovo, con la sua scritta in inglese che ci augura buon anno e buoni copertoni per viaggiare chissà dove.

Alla mente tornano immagini confuse, fotografie e filmati di epoche remote: gli immensi Zeppelin bombardieri della Prima guerra mondiale, incendiati dai colpi della contraerea e poi finiti sulle copertine di celebri dischi rock; oppure gli avventurosi dirigibili delle spedizioni al polo di Amundsen e Nobile, abbattuti dalle tempeste di ghiaccio. Una targa bellissima in via Montezebio, là dove Nobile passò gli ultimi anni della sua vita, ancora ricorda quelle imprese difficili e sfortunate. La storia ha abbandonato nella disgrazia quei colossi volanti, lenti e goffi come animali preistorici: ora in cielo si disfano le scie dei jet e neanche i bambini indicano piú gli aerei che passano. Ma il nostro dirigibile ci cattura lo sguardo come fanno certi strani pesci negli acquari, lo osserviamo virare sul bordo dell'azzurro o tra le rocce scure delle nuvole, muoversi avanti e indietro inutilmente, meravigliosamente.

Chissà chi lo comanda, con quali leve e quali ordini, con quale equipaggio. Viene quasi da pensare che quel bestione vada da solo, senza piú grandi progetti e senza piú voglia di viaggiare per cieli rischiosi. Sta qui, carico di storia e geografia, saggio e stufo come un vecchio bizzarro che ha visto troppo: guarda Roma dall'alto del suo piccolo cielo, si guadagna la vita portando pubblicità, e noi lo guardiamo da sotto, con molto rispetto.

Piazza dei Cinquecento è un campo aperto dove tutto passa e va: le persone corrono con la valigia in mano verso la stazione, oppure sono appena arrivate e fuggono via su un autobus o su un taxi, e la vita si smista in tutte le direzioni. In quel turbine non c'è tempo per rimanere fermi a guardare. Da un paio di anni, però, sul marciapiede al centro della piazza si è conficcato l'Obelisco di Luce, un'altissima colonna di alluminio e plastica trasparente che termina con un puntale rivolto verso il cielo. Anche quelli che stanno per perdere il treno non possono fare a meno di rivolgere un'occhiata a quell'affilato giocattolone che si riempie di colori cangianti e che sembra un razzo pronto a decollare. Che cos'è, a che serve, cosa sono quei numeri che appaiono sulle sue tabelle laterali?

Per capire qualcosa bisogna avvicinarsi e leggere le frasi incise sulla base. «C'è un modo per liberare gli uomini dalla fatalità della guerra? Rispondere a questa domanda è diventata una questione di vita e di morte per la civiltà da noi conosciuta»: parole tratte da una lettera che Einstein scrisse a Freud nel '32, e accanto ci sono un pensiero sulla pace di Giovanni Paolo II e altre riflessioni dello stesso genere. Dopo un lungo studio intuiamo confusamente che l'Obelisco di Luce ha la funzione di indicare alla città «il numero decrescente dei megatoni rimasti attivi in base agli andamenti previsti dagli accordi internazionali Start 1 e Start 2». Per adesso le bombe atomiche che ci minacciano sono 13726, ma il numero dovrebbe calare.

Indifferenti al destino dell'umanità, attorno all'obelisco girano ragazzi scavati che ripetono: «Hai un euro per un panino?» Ma uno dall'aspetto un po' meno rovinato, indicando l'obelisco mi dice con il tono saggio e strascinato dei vecchi romani: «Questo è er monumento ar tossico ignoto, nun lo vedi che è 'n siringone? Guardalo bene, questo è er monumento nostro». È vero, somiglia proprio a un'immensa siringa che si carica di sostanze stupefacenti! «O vedi quel numero lí? Quelli semo noi, ogni giorno ne schiatta uno e lo cancellano, è cosí, te devi fidà, e allungame 'n euro, che domani magari me cancellano pure a me».

Uno dei templi dello spirito moderno – luogo identico in ogni dove, patria senza bandiera, misericordiosa terra di nessuno – è l'Autogrill. I bambini che adorano i suoi spazi sovraccarichi di peluche e stecche di cioccolata, palloni e collane di caramelle, scorrazzano tra i corridoi in preda agli «orgasmini da shopping», come dice Andrea Zanzotto. Ma l'Autogrill piace anche agli adulti, che per un minuto abbandonano l'ansia del viaggio e trovano riparo addosso a quei banconi metallizzati, dove nessuno ti riconosce e ti pone domande.

Nell'Autogrill non dobbiamo rendere conto di niente, la cassiera mai ci troverà invecchiati o nervosi, per un poco siamo solo uomini che si sono separati dal flusso per riprendere fiato. Compriamo il quotidiano e magari anche un biglietto della lotteria, perché sappiamo che lí si vendono i biglietti miliardari e che non verremo mai ricordati.

Anche Roma adesso possiede i suoi bravi Autogrill, li ha sistemati come porti fluviali lungo il Grande Raccordo, il nostro Gange. Quello in cui mi fermo ogni mattina si chiama Casilina Interna, ed è meravigliosamente uguale a tutti gli altri. Davanti al bancone si alternano centinaia di persone, ognuna chiede il suo caffè, lo tracanna e scappa via. Eppure è interessante scoprire in quei rapidi attimi come ogni individuo è figlio dei suoi desideri particolari, delle sue privatissime inclinazioni. Un caffè lungo, chiede il signore sulla destra; appena macchiato, chiede un altro; al vetro e schiumato, pretende il terzo. È il catalogo delle differenze: caffè corretto al mistrà o alla sambuca, con il latte freddo o bollente, in tazza grande, molto ristretto, doppio, triplo, d'orzo, con il latte a parte, con molto zucchero, senza zucchero, con la saccarina; e poi ci sono le infinite varianti del cappuccino e del caffellatte, equilibri delicatissimi, inviolabili, da difendere a costo di litigi e rifiuti. In fondo al pozzo di ogni tazza s'indovina un carattere, una vita che pretende di non essere confusa e livellata. Alle sette di mattina in ogni anonimo Autogrill del mondo scopriamo quanto siamo tutti uguali, quanto siamo irriducibilmente diversi.

In quale luogo di Roma stanotte potrebbe nascere il bambino divino? Quale umida grotta o desolata panchina o misero garage potrebbe essere consacrato dalla sua apparizione? Sopra quale gelido angolo della città potrebbe appuntarsi la stella cometa per dirigere gli sguardi e i passi degli uomini semplici?

Immagino che Giuseppe e Maria, dopo aver tanto vagabondato in cerca di un riparo, si ritroveranno poco prima della mezzanotte a salire il pendio di via dei Ruderi di Casa Calda, a Torre Maura. Quel nome forse riaccenderà le loro ultime speranze, l'illusione di una casa e di un tepore li spingerà fino a quello slargo sul colle, tra i resti smozzicati di una torre antica e le sagome fantastiche di due casolari fuori dal tempo. Forse dovranno contendere un cantuccio a qualcuno degli sbandati che arrivano fin quassú a bere e farsi del male, sotto il buio del cielo dovranno ripulire la loro stanza dalle bottiglie rotte e dalle carcasse di motorini.

Non sarà una notte facile, per qualche ora solo il freddo e l'angoscia terranno compagnia ai giovani sposi e al loro bambino nuovo. I mille fantasmi della paura, strisciando fino a quel cucuzzolo ventoso, fino a quella fragile tenerezza, minacceranno la loro pace. Ma l'alba porterà in dono un paesaggio insospettato, perfetto come nessuna cartapesta potrebbe inventare. Tenendo tra le braccia il suo neonato, Giuseppe si alzerà per sgranchirsi le gambe, in bocca una cicca spenta, attorno al figlio una vecchia sciarpa di lana: e sorriderà per la sorpresa di vedere ai piedi del colle, là in mezzo alla metropoli, campi arati, vigneti, frutteti, e piú oltre le arcate di un acquedotto romano, e bianche greggi contro le quinte dei palazzoni della periferia, mentre lungo la strada le prime macchine correranno fumando per il freddo. Nel terreno accanto Giuseppe vedrà un immenso fico selvatico cresciuto addosso a un vascone per l'irrigazione, un albero senza uguali, miracoloso, che lo farà pensare alla Palestina e alla vita che coraggiosa nasce e resiste ovunque. Vedrà salire verso la capanna pastori e derelitti, contadini e barboni, disposti come piccole statuine in quel presepe bellissimo.

Inerpichiamoci per i centoventidue gradini dell'Aracoeli, fino alla sommità del colle. La salita mozza il respiro e strappa qualche maledizione, mortificandoci in tutta la nostra pesantezza di uomini zavorrati: ma ormai è fatta, è fatta! Piegati in due riprendiamo fiato ed entriamo nella chiesa. A destra c'è una cappella splendidamente affrescata dal Pinturicchio; a manca il presepe con la copia del celebre bambinello ingioiellato trafugato qualche anno fa: diamo pure un'occhiata, apprezziamo di cuore, ma poi tiriamo dritti verso l'angolo alla sinistra dell'altare.

Là, avvolto dall'ombra, ci attende il piú grandioso e ridicolo monumento all'obesità che sia mai stato realizzato, una statua che anticipa di parecchi secoli i buffissimi ciccioni di Botero. È una scultura del 1520, opera di un certo Domenico Aimo, e rappresenta papa Leone X. Fu il dispetto o l'incapacità, a muovere lo scalpello dell'artista? Com'è possibile che nel tempo in cui regnava incontrastata l'idea del bello ideale e dell'armonia, nella Roma di Raffaello e Bramante, il papa si sia fatto immortalare come un eterno panzone, un disperato della bilancia, una botte di adipe e marmo? Leone X, oltre a essere un vero intrallazzatore, nepotista e mercante d'indulgenze, fu anche un sincero protettore della bellezza, conobbe e aiutò i migliori tra gli artisti e gli uomini di lettere: perché allora accettò di essere raffigurato come un pachiderma incontenibile? Risposta non c'è, però questa brutta statua fa sorridere e ci ricorda, nonostante i propositi salutisti, quanto sia piacevole talvolta sottrarsi all'insostenibile leggerezza dell'essere, fuggendo in trattoria e pesando senza rimorsi sul centro della vita.

In via Nazionale c'è una chiesa che, inghiottiti dal traffico, abbiamo sempre guardato di sfuggita: San Paolo Entro le Mura. La facciata ottocentesca, abbrunita dai fumi delle macchine, ripete goffamente certi motivi del gotico toscano e non sembra promettere niente di particolare.

Fermiamoci ed entriamo, ci aspettano una bella sorpresa e uno scandalo, immagini che riempiono gli occhi e travolgono certe quiete abitudini del pensiero.

Dietro l'altare, nel grande catino dell'abside, vi sono i piú straordinari mosaici della scuola preraffaellita, opera di Edward Burne-Jones. Ancora oggi, per indicare una bellezza pura, efebica, quasi disincarnata, usiamo l'aggettivo preraffaellita. Questo movimento artistico era sorto in Inghilterra verso la metà del XIX secolo, e voleva opporsi alla brutalità della società industriale cercando di riproporre una pittura antica, addirittura precedente al Rinascimento, in grado di conservare i valori spirituali del Medioevo. I suoi rappresentanti piú celebri furono Dante Gabriele Rossetti, pittore e traduttore degli stilnovisti, Everett Millais e per l'appunto Burne-Jones. Naturalmente i loro quadri sono appesi nelle gallerie di Londra e di Manchester, e in tanti musei del Nord Europa: ma a Roma, almeno per quanto riguarda l'arte, non ci facciamo mancare quasi niente, e cosí anche dei Preraffaelliti abbiamo il nostro bravo capolavoro. È una composizione mirabolante dove sono rappresentati i simboli fondamentali del cristianesimo: il Salvatore è lassú, le braccia distese davanti all'albero della conoscenza, tra Adamo ed Eva e il loro primo figlio; piú sotto vi sono angeli e arcangeli di varia grandezza e valore; piú sotto ancora la Città Celeste e cinque gruppi di persone: gli asceti, le umili donne della fede, i Padri della chiesa, i santi e i guerrieri, tra i quali spiccano inattesi i profili di Abramo Lincoln e Garibaldi. Al centro di tutto, a benedire e a dare unità a questo sacro pandemonio, c'è l'immagine di Dio con il mondo in una mano.

Piú lo guardiamo, piú ci meravigliamo, e a poco a poco una strana commozione c'invade i pensieri: perché quel Dio, credetemi, è una donna.

Negli ultimi anni è cresciuta a dismisura la considerazione per gli spazi anonimi, privi di tratti distintivi, uguali in tutto il mondo. Le autostrade, i motel, gli aeroporti, le sale giochi, i McDonald's sembrano i luoghi dove meglio si alloggia un'umanità che non ha piú casa né tradizioni. Guardando i videoclip e i film assorbiamo i nuovi comportamenti da uomini e donne che s'incontrano e si perdono per le scale mobili di un centro commerciale o lungo i corridoi di un supermercato, a New York come a Tokyo, a Milano come a Berlino. Siamo figli di un'unica folla e le nuove piazze in cui viviamo si ripetono noiosamente in una fuga di specchi: tra qui e là non c'è piú separazione, un solo neutro spaesamento assorbe le mille differenze. Sembra che la stessa mano abbia disegnato tutti gli autogrill d'Occidente, e forse è anche quella che ha preparato gli infiniti panini tutti uguali allineati oltre i banconi d'acciaio. Anche la nostra storia personale rischia di assomigliare spaventosamente a quella di chiunque altro. Per questo mi piace segnalare l'isola di un benzinaio romano che pare un reperto archeologico, il prodotto di un'era in cui forse anche le cose si sbizzarrivano pretendendo una propria identità. Entrando in città dalla Flaminia, superati il centro Rai e il bivio per Tor Di Quinto, troviamo sulla destra una buffa stazione di servizio bianca e blu, con il suo bel baretto e lo schiumoso impianto di lavaggio. Pare un grande mollettone di cemento armato, o un tostapane gigantesco, con il coperchio-tettoia sollevato da quattro onde che s'impennano e ricalano. Se ci fermiamo a fare il pieno, possiamo facilmente immaginare davanti a noi Gassman e Trintignant sulla mitica spider, e nel bar, a imbastire qualche truffa, i simpatici imbroglioni del *Bidone* di Fellini. Sembra che quei litri di carburante ci porteranno al Kursaal di Ostia, o sotto l'incannicciata di qualche ristorantino degli anni Sessanta, in riva al Tirreno. Per quanto è bella e per quanta libertà racconta, questa stazioncina andrebbe tutelata come un monumento, come un'eccezione che se la ride di tutte le regole.

Pazienti serpentoni umani si snodano fuori dai palazzi delle grandi mostre, e dentro il pubblico s'accalca di fronte alle tele del Novecento o a quelle della collezione Giustiniani, commenta o ammira estasiato, compra cataloghi e cartoline, e qualcuno promette di tornare di nuovo, perché tanta bellezza non si può assumere in un colpo solo, si rischia l'overdose.

Però a noi piace ancora di piú andare da soli alla ventura, frugare negli angoli trascurati, annusare come cani da tartufi. Del resto basta avere una mezz'oretta libera e un soldo di curiosità per scoprire capolavori che sembra se ne stiano nascosti solo per farsi cercare. Se potessero verrebbero loro da noi, sono cosí stufi di rimanere esclusi da ogni sguardo, appesi nella dimenticanza, ma gli tocca aspettare che uno sfaccendato entri ad esempio a San Giovanni dei Fiorentini, magari oggi, e li vada a stanare.

Bisogna possedere la spensieratezza degli speleologi per calarsi nell'ombra fitta di quelle cappelle laterali, in quelle grotte cinquecentesche dove la luce è catrame e le figure dei quadri paiono fantasmi che s'agitano nell'improbabile. Sotto il pavimento stanno sepolti Borromini e Maderno – architetto tra l'altro della cupola alta e stretta che ci sovrasta, dai romani chiamata affettuosamente «il confetto succhiato» – e forse anche i loro spiriti si muovono nell'oscurità attorno ai quadri. Nella cappella alla sinistra dell'altare c'è un interruttore: lo pigiamo e una lampadina scialbetta rivela due tele bellissime e screpolate di Giovanni Lanfranco. Attorno a noi dovrebbe esserci la folla delle grandi mostre, gente che preme e che spinge per vedere meglio, e invece siamo soli, quasi orgogliosi di esserlo. Soprattutto *L'orazione nell'orto* è un'opera commovente, una piramide che alla base ha il sonno rossastro e umanissimo degli apostoli e al vertice la consapevolezza bianca e sovrumana di Cristo. «Che meraviglia», bisbiglia un pensionato accanto a noi, e il suo cagnetto abbaia, ma piano, quasi temendo di svegliare gli addormentati. «Qui gli animali possono entrare, – assicura il padrone, – non sa quanti bei quadri ci guardiamo, e come ci godiamo il fresco, d'estate».

C'era una volta lo zoo di Roma: adesso c'è il bioparco. Oltre al nome sono cambiate altre cose, la sistemazione degli orsi bruni, ad esempio, che adesso vivono in un ambiente ampio e ospitale, con tanto di cascatelle e prati verdi; oppure la vita di alcuni buffi pennuti, tipo il pavone, che passeggiano come signore per il parco e a volte si spingono persino fuori, verso i prati di Villa Borghese. Ma c'è ancora tanta pena in quelle gabbie strette e feroci, fa male al cuore vedere i gorilla e le pantere imprigionati tra le sbarre, mille miglia lontani dagli spazi aperti dell'Africa.

Per non incrociare i loro sguardi spenti e rassegnati, per non sentirmi responsabile della loro atroce malinconia e di quelle grida disperate, giro vigliaccamente subito a destra e punto il Rettilario, un edificio circolare e silenzioso come un bunker. Lí dentro si conserva il nostro passato piú remoto, lí abitano i nostri trisavoli scagliosi e sibilanti, ex padroni del mondo. Stanno rinchiusi e immobili in sofisticate teche di vetro, e a volte sembra davvero di osservare cinture di serpente e strane borsette pitonate immerse in un habitat inventato da qualche fantasioso vetrinista di via Condotti. C'è sabbia distesa con cura, ci sono stecchi rinsecchiti e minuscoli cerchi d'acqua, e in un angolo quelle forme primitive, raggomitolate, mostruose, che hanno nomi incontrati solo nelle favole: lo scinco d'Algeri, il drago barbuto, l'eloderma sospetto, l'ululone, il matamata e la rana pomodoro. E poi, d'improvviso, qualcosa si muove, imprevedibile come un pensiero sommerso, quasi dimenticato: una testolina guizza, due spire s'allentano, una coda freme, e dalla schiena ci sale nella nuca un brivido che non è solo raccapriccio. In quegli occhietti minerali di colpo cogliamo una luce fredda che illumina il buio piú profondo, e per quanto ci paia assurdo sentiamo che quegli spaventosi scherzi della natura sono una parte di noi che soffre e non capisce perché. Quella parte rimane oltre il cristallo e sembra ci guardi e c'invidi: tu che puoi andare via, camminare, amare, non ti dimenticare di me che resto qui, sepolto in queste squame, giú nelle fondamenta della vita.

La pop art cercava d'isolare i prodotti del consumo di massa sottraendoli al loro contesto quotidiano – gli scaffali dei supermercati, le riviste di fumetti, i cartelloni pubblicitari – e offrendoli come nuove icone o come bizzarri totem allo sguardo stupito della gente. La scatoletta di zuppa Campbell di Andy Warhol o le vignette di Lichtenstein sono diventate il simbolo di un'arte che non voleva piú issarsi nel sublime né sprofondarsi nella tenebra, ma che si compiaceva di agire sulla superficie smaltata di un mondo fatto di merci e d'inconsapevolezze. Anche Roma ebbe la sua stagione di artisti pop, Schifano, Tano Festa, Angeli, che provarono ad adattare alla nostra realtà la lezione che proveniva dagli Stati Uniti. Ne sono derivate opere che possono piacere tanto o poco (a me poco, per esempio), ma che ormai hanno un posto sicuro nei musei e nelle enciclopedie.

Il piú grande e involontario monumento della pop art italiana, tuttavia, stava sul Raccordo Anulare, e ogni volta che lo vedevo mi metteva di buon umore. Di certo molti romani ricordano la gigantesca bottiglietta di succo di frutta, alla pesca forse, o all'albicocca, che s'innalzava inverosimile lungo il bordo della strada. Credo fosse stata messa lí per fare pubblicità a una nota marca, e però era anche l'obelisco di una nuova civiltà, la nostra, che procede e consuma al di fuori di ogni misura. Ed era anche un simpatico giocattolone, che piaceva tanto ai bambini. «Che cos'è?» domandavano increduli, e allora la fantasia si sbizzarriva: una volta era la merenda di Polifemo, un'altra era la mamma di tutti i succhi di frutta, e intanto l'automobile era già oltre e il bottiglione diventava leggenda.

Inesorabili i tempi cambiano e cambiano anche i prodotti, e

adesso al posto della megabottiglia colorata c'è un immenso parallelepipedo, copia maiuscola delle scatolette di cartone in cui si affonda la cannuccia per succhiare roba dolciastra. Sí, è una cosa buffa anche questa, ma non ci sorprende piú, i bambini la osservano e non dicono niente, le macchine le passano davanti e nessuno piú sorride. Insomma: ridateci il bottiglione, rivogliamo la vera pop art.

Vagabondando per i canali televisivi, capita spesso d'imbattersi in chiaroveggenti da operetta: di solito sono grasse signore cariche di anelli e orecchini, avvolte in buffi pastrani, che scandagliano il futuro manipolando bisunti mazzi di tarocchi. La gente telefona e domanda speranzosa, vuole sapere come andrà l'esame del figlio e il matrimonio dell'amica, e loro dànno sempre risposte rassicuranti, sibilline solo per carenze sintattiche.

Ben diversamente immaginiamo le vere Sibille, creature semidivine, vergini splendide e invasate tramite le quali si pronunciava la voce misteriosa del destino. Le loro parole erano ambigue, e di solito rivelavano la loro verità troppo tardi, quando gli eventi erano già precipitati come tegole sulla testa di chi aveva ascoltato senza capire.

Se noi romani vogliamo vedere le piú belle Sibille d'ogni epoca, abbandoniamo le ridicole profezie televisive e andiamo a Santa Maria della Pace, ammiriamo rapidamente la facciata barocca disegnata da Pietro da Cortona, per decenni nera come il carbone e ora bianca come una meringa, visitiamo il magnifico chiostro del Bramante, e poi dedichiamoci all'affresco dipinto da Raffaello. È in alto sulla destra, appena entrati in chiesa, ed è stato restaurato da poco: prima le Sibille erano ombre minacciose, fantasmi abbruniti, e adesso finalmente risplendono nei colori originari. Sono quattro: la Cumana, la Persica, la Frigia e la Tiburtina, vicine e isolate, e hanno la grazia perfetta e sfuggente di quelle ragazze che sanno com'è la vita perché la guardano dall'alto, da lontano, senza poterla toccare. Ognuno di noi ha avuto un'amica cosí, una creatura malinconica che non partecipava a nulla e sapeva ogni cosa, una che scriveva per tutti poesie indecifrabili. Le quattro Sibille scrivono le loro parole su rotoli di carta, e alle spalle hanno chi detta: piccoli angeli, anime di bambini innocenti e dispettosi che bisbigliano la verità alle ragazze e sorridono del nostro balordo futuro. Noi stiamo là sotto, nella chiesa un po' fredda, a porci domande – e loro stanno lassú, a dire e non dire. Ma la loro bellezza è tale che per oggi vale come una risposta.

Ogni tanto all'improvviso piomba a Roma il solito amico straniero a farci visita. «Ehi, ciao, sono qui, che facciamo stasera, dove mi porti di bello?» Diciamocelo francamente: è una mazzata tra capo e collo. Della città l'amico ha visto quasi tutto, il Colosseo, San Pietro, Fontana di Trevi, piazza Navona, ma anche l'Aventino e San Clemente, anche le catacombe e il Foro Italico e persino il quartiere Coppedè, che gli abbiamo mostrato l'ultima volta. Eppure è insaziabile, pretende di portarsi via almeno un nuovo ricordo, qualcosa di particolare, uno scorcio, un angoletto, una cartolina indimenticabile. «Allora, dear friend, che mi offri stavolta?» Sentiamo il dovere di non deluderlo, ma anche la fatica di estrarre dal cilindro un altro coniglio coi fiocchi. Accantoniamo tutti gli impegni e, porca miseria, cominciamo a scartabellare l'album della memoria alla ricerca di un'immagine speciale, qualcosa di meraviglioso che non ci prenda troppo tempo. Vorremmo cavarcela con un aperitivo, due chiacchiere e due olivette in un posto magico, e ci rivediamo tra dieci anni. Musei no, ruderi nemmeno. Dove, dove?

L'amico richiama per fissare l'appuntamento. «Allora ci vediamo, ci vediamo...» Ecco, trovato. Largo dei Librari, su via dei Giubbonari, è il posto che fa per noi. È uno spicchio perfetto, sembra il palcoscenico di un teatro, con la chiesetta di Santa Barbara incastrata come una gemma tra le case sul fondo. È Roma in miniatura, il barocco della Politoys, un concentrato di calma e confusione, di geometria e disordine vitale. In alto, accanto alla minifacciata della chiesa e all'azzurro, c'è una finestrella struggente che sarebbe piaciuta agli scrittori della *bohème*, sembra la «finestra a un passo dal cielo blu» della vecchia soffitta cantata da Paoli.

Ma Roma non è solo arte e ispirazione. Nella piazzetta c'è un vecchio ristorantino celebre per i filetti di baccalà, che accompagnati con un bicchiere di vino bianco e fresco rallegrano la gola. Alle sette di sera tutto si lega alla perfezione, la chiesetta, il baccalà, il vino, le confidenze. L'amico si gode questo momento incantevole, giura sui figli di non essere mai stato cosí bene, giura di tornare a Roma il prossimo mese.

Ogni giorno leggiamo, capendo poco ma preoccupandoci molto, che il mondo sta diventando un unico supermercato diretto da quattro o cinque compagnie che dalla cima di qualche grattacielo dettano le leggi e i prezzi da pagare. Antiche civiltà e preziosi formaggi alpini, dialetti remoti e originali stili di vita rischiano di venire cancellati da una monocultura che sorridendo offre efficienza e pulizia, spettacoli universali e cibo controllato e matto. Abbiamo l'impressione che pure il nostro paese stia scivolando sopra quella tabula rasa e plastificata su cui rimbombano parole come successo, denaro, professionalità. Anche per questo temiamo i risultati delle prossime elezioni, che potrebbero essere il passo finale verso la sterilizzazione delle menti: la pialla e la carta vetrata già da molto sono all'opera, una mano di coppale e tutto sarà liscio.

Per fortuna però la natura umana produce sempre entusiasmi, forse vacillanti ma sinceri, illusioni brevi ma vitali. Il simbolo di tutto ciò è il nostro muro del pianto: è quella parete che troviamo nelle librerie piú fornite, ad esempio nella Feltrinelli di via Orlando, là dove sono allineate le mille riviste che ogni mese vengono stampate in Italia. Non sono le pubblicazioni ricche e seducenti che troviamo in edicola: si tratta di fogli semiclandestini, prodotti con il sangue di chi ci scrive e ci crede, fascicoletti che durano tre anni o una stagione, che chiudono e riaprono e non vogliono morire. Pendono un po' in avanti come fiori che stanno appassendo, qualcuno le prende, legge una pagina, le posa. Sono riviste rare e meravigliose che trattano di poesia o di anarchia, di ballo o di cinema, di buddismo o di giardinaggio, di ufologia o di cucina regionale, di sogni e di niente. Dietro a ognuna di loro immagino tante riunioni di persone appassionate che scelgono i testi e la grafica, litigano per un colore o per una didascalia, e poi vanno insieme a cena per continuare a discutere e a sperare che questo numero sia migliore di quello passato, e che qualcuno magari se ne accorga. Da quella parete negletta si affaccia un'Italia di cui nessuno mai si occupa, un paese curioso e libero.

Mio padre ricorda ancora quando la piazza del Pantheon era pavimentata con il legno di Montevideo, e mio fratello maggiore ricorda gli stabilimenti sul Tevere, dove i piú coraggiosi e i piú poveri facevano i bagni. Le cose passano, a volte il tempo le trasforma, a volte le cancella senza pietà. Io comincio a guardare con nostalgia le ultime cabine telefoniche: ora che pure i ragazzini hanno un cellulare in tasca, ora che tutti parlano con il mondo intero quando e come vogliono, non c'è piú bisogno di quelle microstanzette posate sui marciapiedi della città.

È già avviata l'opera di smantellamento: certe cabine sono state sostituite da cupolette di plexiglas o da bizzarri prismi di vetro, ma la maggior parte sono state strappate dal suolo come alberi che non ricresceranno piú. Ora si parla nel vento, le nostre parole vengono esposte spudoratamente nei bar e nei ristoranti, offerte senza vergogna alla curiosità di chi ci passa accanto; gli appuntamenti vengono modificati mille volte in una serata, ci si cerca e ci si chiama a oltranza, come quando si cammina nel buio e si ha paura di perdersi.

La cabina, invece, era un luogo di concentrazione e di serietà, dove non si poteva sprecare una parola, perché il tempo scorreva mangiandosi i gettoni. Era bello vederle illuminate nella notte, chiuse in se stesse eppure trasparenti al mondo, e vedere che dentro ci stava una persona sola che parlava e ascoltava: non so perché, ma da fuori parevano sempre conversazioni decisive, dichiarazioni o addii, parole preziose scambiate come baci. Noi aspettavamo con le nostre monete nella tasca, temendo quasi di disturbare. A volte chi parlava iniziava a piangere sommessamente, o a ridere, ma piano, come dentro a un segreto. Erano luoghi di confidenze estreme, confessionali laici, minime intimità ritagliate nel caos urbano, celle silenziose dove ogni frase pesava come un giuramento. Ora che viviamo nel rumore sordo della comunicazione collettiva, in una ragnatela di parole leggere e vischiose, nessuno piú entra nelle cabine e le cabine scompaiono. Resta il ricordo del freddo che faceva fuori, e di com'era calda di parole quella stanzetta.

Secondo la tradizione cristiana furono gli angeli a far rotolare la pietra che ostruiva il sepolcro di Gesú, e dunque è giusto dedicare a loro quest'isola primaverile. Roma del resto è traversata dal volo d'infiniti celesti pennuti: cherubini, arcangeli e troni distendono le ali e suonano le trombe in mille quadri, immersi nel marmo brandiscono spade e portano i simboli della Passione, sono terribili o paffuti, incerti tra la terra e il cielo, fuggevoli forme del vento e della misericordia. Per noi romani sono presenze quotidiane, ce li ritroviamo attorno come i piccioni delle piazze o i gabbiani che volteggiano sul Tevere, sono punti d'appoggio per gli occhi che cercano l'alto, gradini dell'immaginazione. Ognuno di noi, poi, ha il suo angelo preferito, quello di cui, in un certo senso, si considera custode. Il nostro sguardo terreno è il suo piedistallo, la nostra attenzione è l'aria che lo sostiene. Il mio prediletto sta sospeso su un cornicione di Sant'Andrea della Valle, nell'angolo in alto a sinistra, e sembra indeciso se volare via o scendere tra gli uomini, dondolato dal dubbio che tanto faceva soffrire gli angeli sopra Berlino. È opera di uno scultore del Seicento, tale Ercole Ferrata, poco noto e forse anche poco bravo, visto che papa Alessandro VII fu cosí scontento della statua che negò all'artista il denaro per scolpire un secondo angelo, quello che avrebbe dovuto equilibrare simmetricamente la facciata. Ora nel lato vuoto cresce una pianta selvatica, vivace e scomposta come l'angiolone che sta dall'altra parte. Forse a osservarlo piú da vicino, anche noi potremmo cogliere i suoi difetti, ma è da lontano, da sotto, che vanno ammirate queste aquile posate sul davanzale del cielo. Lui (o lei? non importa, su ciò si sa che è sciocco lambiccarsi), ha un'ala sollevata maestosamente verso l'azzurro e l'altra rattrappita dietro la schiena, quasi a raccontare le sue difficoltà. Qualcuno dice sia un'allegoria della Fama, che come gli angeli vive tra i soffi instabili dei venti, ma forse invece ha un'ala spezzata perché non possa piú fuggire dal mondo, e un'ala grande e libera per ricordare la vastità dei sogni.

Su qualche sponda del nostro cervello, incastrato lí da secoli, oscuramente nutrito da paure e diffidenze, ancora riecheggia il grido «Mamma, li turchi!» Nei confronti degli islamici sbarcati nella nostra città ancora ci muoviamo con circospezione e sospetto, quasi temendo invisibili scimitarre, brutali fanatismi religiosi, crudeltà da feroci saladini. Il modo migliore per cancellare questi timori e magari anche familiarizzare un poco con la cultura mussulmana è recarsi un venerdí, giorno della preghiera, fuori dalla moschea nuova, sotto le verdi pendici di monte Antenne. Lungo la recinzione si snoda come una carovana un piccolo mercato, fratello minore dei tanti chiassosi bazar che colorano e profumano i paesi islamici, da Tangeri a Peshawar, da Istanbul a Samarcanda. Sui banchi si offrono stoffe arabescate e morbide babbucce, barattoli di sottaceti e mazzi di foglie di menta per il tè, cassette musicali e libri religiosi, tute da ginnastica e caffettani, profumi, ombretti e chador, mentre un po' ovunque si rosolano grossi cilindri di carne da cui vengono affettati brandelli per farcire le pagnotte che tutti addentano con gusto.

Qui si ritrovano mussulmani che provengono da tante nazioni diverse, sono olivastri e neri, bianchi e con gli occhi a mandorla, e tra loro contrattano, litigano e scherzano nell'unica lingua che tutti conoscono almeno un poco, cioè l'italiano, o addirittura un bizzarro romanaccio. Qui si ascoltano storie avvincenti e s'impara molto: mentre si mercanteggia, si può discutere della situazione palestinese con un giovane profugo che ha tanta voglia di raccontare le ragioni del suo popolo, che ci mostra le foto di casa sua e giura di voler combattere solo per una pace giusta; oppure con un barbuto che vende copie del Corano, e che stringendo con affetto la sua piccola bambina ci tiene a spiegare meglio qual è il vero ruolo delle donne nell'Islam. E cosí, mentre proviamo un buffo copricapo celeste con ricami dorati, continuiamo a parlare e a scambiarci pacche sulle spalle, e sentiamo che queste persone non sono sconosciuti da temere, ma gente confusa nel mondo, gente di Roma.

Chissà com'è il Campionato del Mondo di Pizza, si fa una certa fatica persino a immaginarlo. Sarà a eliminazione diretta, come nel tennis, con tanto di teste di serie e primi turni facili per i migliori, tipo un pizzettaro di Torre Annunziata che massacra un ecuadoregno proveniente dalle qualificazioni? Oppure tutti concorrono spalla a spalla, impastando le loro creature sul marmo di un bancone lunghissimo, guarnendole nei modi piú preziosi e poi infornandole in forni maestosi? Ci sono davvero maestri della pizza che arrivano da tutto il globo, glabri cinesi, norvegesi barbuti, messicani con il sombrero, tartari a torso nudo, neri aitanti, tutti che sistemano i loro pomodorini e le loro alicette cantando *O sole mio*? O è una faccenda che va risolta in famiglia, tra i campioni italiani? Non saprei proprio rispondere, però so che a vincere sono quasi sempre i rappresentanti del clan Iezzi, gente che sulla pizza ne sa una piú del diavolo. Uno Iezzi, Massimo, a Fiuggi ha sbaragliato il campo con un'invenzione rischiosa e impressionante, una pizza con uva, speck e salsa tartufata. Per gli Iezzi la pasta lievitata è un sostrato in grado di reggere qualsiasi ingrediente, è la *res extensa* sulla quale poggiare ogni fantasia: immagino che un giorno sapranno brevettare pizze inconcepibili con grattugiate di malinconia e chicchi di coraggio, lacrime e sogni.

Se volete assaggiare almeno un paio d'etti di tanta meraviglia, potete recarvi in via Nomentana 581. In cima a una rampa che somiglia a un podio olimpico c'è la loro bottega, il loro atelier, un posto che da fuori può essere confuso con una delle mille e quattrocento pizzerie al taglio che sfamano banalmente la città. Lí dentro ci sono i forni sapientemente modificati potenziando le resistenze e abbassando le camere di cottura, lí si crea l'inverosimile. Chi cerca una semplice marinara o una margherita è meglio che si sposti altrove. Dagli Iezzi si va piú per sbalordire la mente che per tacitare un crampo allo stomaco. Soldi, comunque, se ne spendono sempre pochi, perché la pizza è pizza, gioia del popolo: con cinque monete si viaggia su una teglia volante.

Scriveva Montaigne: «Di Roma resta solo il Tevere che fugge verso il mare. Ciò che è solido viene distrutto dal tempo, e ciò che scorre resiste». Sembra un'osservazione taoista, l'invito a non prendere troppo sul serio le storie e le persone che si proclamano importanti, che si ergono su un piedistallo di marmo per affermare la propria potenza sugli altri. Anche quel marmo è destinato a sbriciolarsi, e ogni presunzione è destinata a imparare molto dalla polvere in cui cadrà. Altrettanto sbagliato, però, è volersi rimpicciolire in un'umiltà mortificata e severa, coprirsi con gusto il capo di cenere e rimproverare il mondo per ogni sua bellezza. In fondo anche quest'atteggiamento rivela una vanità e un'ostinazione, un desiderio superbo di separazione.

In queste tiepide giornate di primavera la cosa migliore è scendere sulle banchine che costeggiano il Tevere e passeggiare a fianco della corrente, poi sedersi un poco a rimirare quel nastro che si srotola e non finisce mai. Fortunate sono le persone – troppo poche, troppo fortunate – che possiedono la tessera per qualcuno dei circoli canottieri. Ma anche chi non ha questo privilegio può sentire il fiume come un bene disponibile. Lui sta lí, scorre tra di noi, va e ci aspetta allo stesso tempo.

Gli alti muraglioni, le scalette sudicie, il timore dei topi o di un barbone ubriaco, o chissà, forse solo l'indifferenza, tengono i romani distanti dalle rive del Tevere. Abbiamo tanto da fare, mille problemi e mille velleità, calarci al fiume ci sembra solo una perdita di tempo. Vogliamo imporci, lavoriamo duro per la nostra affermazione contro il mondo, mica per vedere scivolare l'acqua verso il mare e la vita verso la morte. E invece prendiamoci una pausa, e magari prendiamoci anche un aperitivo su uno dei tanti barconi che si stanno attrezzando sulle sponde. Ce ne sono alcuni davvero belli, davanti allo stadio Olimpico, sotto il ponte della metropolitana o sotto il ponte Cavour. Verso sera, quando la città pare un incendio lontano che si smorza, approfittiamo del fruscio del fiume, della sua lezione infinita. Tutto ci apparirà nella luce dell'impermanenza, tutto ci apparirà sorprendente.

Il piú grande successo televisivo restano i giochi a quiz, meglio ancora se conditi dal sugo dei miliardi. Da casa la gente prova a rispondere, ci provo anch'io, e in certi particolari momenti prima di cena, quando magari sta arrivando un po' di malinconia, un vago senso di fallimento, bastano due risposte esatte per sentirsi improvvisamente rinfrancati e fieri. Una domenica vi propongo di trasferirvi dalla poltrona al Pincio per sgranchirvi un poco la memoria e le gambe insieme a un amico o alla fidanzata. Come in ogni quiz che si rispetti, serve un cronometro: e noi ce l'abbiamo, è il magnifico orologio ad acqua di Giambattista Embriaco, restaurato l'anno scorso. Si guarda l'ora, sempre errata a dire il vero, e il gioco ha inizio.

Ai lati del viale sono allineate le domande: sono i busti degli uomini celebri, quelle belle capoccette di pietra su cui spesso si accaniscono i teppisti. Di quegli illustri, quanti ne conosciamo? Quanti punti possiamo totalizzare rivangando nei ricordi scolastici o in qualche lettura piú recente? E il nostro amico o la nostra fidanzata, ne sanno di piú o di meno? Su Masaccio andiamo a gonfie vele tutti quanti, si sa che è un famoso pittore del Quattrocento, e procediamo rapidi e sbruffoni anche su Leopardi e Torquato Tasso. Già su Paolo Sarpi o su Annibal Caro, però, cominciamo a tentennare, già lí si fa la prima selezione. L'amico o la fidanzata sembrano piú preparati di noi su personaggi perduti nella nebbia, su nomi che non sappiamo piú dove collocare: ad esempio Pietro Colletta, oppure Federico Cesi. Chi erano, patrioti, scienziati, o invece degli artisti, o degli storici? Si passa anche davanti ai ritratti di uomini ormai totalmente ignoti, bisogna essere dei campioni per spiegare chi fossero Montecuccoli o Atto Vannucci, ribattezzato da un pennarello burlone Atto Vandalico. Intanto ci godiamo il fresco degli ippocastani, e camminando ci si riposa. Dopo mezz'ora siamo di nuovo all'orologio ad acqua. Chi ha dato piú risposte, chi ha vinto? Non è poi cosí importante: abbiamo fatto un bel viaggio, ecco, una traversata dei Campi Elisi, tra le ombre dei morti e il verde, e siamo di nuovo qui.

Tra le tante cose che si studiano a scuola, poche rimangono impresse nella memoria: scompaiono battaglie napoleoniche e astruse equazioni, ablativi assoluti e capitali africane, costellazioni celesti e scrittori del Seicento: ma di certo rimane indelebile il ricordo del fanciullino del Pascoli. Quel bimbetto, si sa, è il nostro lato poetico, «egli parla alle bestie, agli alberi, ai sassi, alle nuvole, alle stelle; egli è quello che piange e ride senza perché, di cose che sfuggono ai nostri sensi e alla nostra ragione; egli scopre nelle cose le somiglianze e le relazioni piú ingegnose; egli adatta il nome della cosa piú grande alla piú piccola, e al contrario; impicciolisce per poter vedere, ingrandisce per poter ammirare...» Quando siamo bambini, la sua vita coincide con la nostra, poi la sua voce e il suo sguardo permangono in poche persone, nei poeti, nelle anime semplici, negli uomini e nelle donne che continuano a provare stupore e compassione per l'esistenza; negli altri, quelli che badano al sodo perché non hanno tempo da perdere, il fanciullino muore per sempre.

Ebbene, nella nostra città, all'incrocio convulso tra via Piave e via Boncompagni, proprio accanto a piazza Fiume, addossato a un mozzicone scuro delle mura Aureliane, possiamo vedere il monumento funebre del fanciullino, forse la tomba della nostra innocenza. In una nicchia sollevata c'è la statua di Quinto Sulpicio Massimo, il piú giovane poeta romano, vissuto nel I secolo d. C. e morto a undici anni appena. Sulla base della statuetta, in due epigrammi scritti in greco, si piange la sua precoce scomparsa e si ricorda la sua breve carriera: nel 94 Quinto Sulpicio partecipò con un carme improvvisato al terzo agone poetico, nei suoi versi raccontò di come l'inesperto Fetonte si mise alla guida del carro del Sole e di come quel carro fiammeggiante, dopo aver rischiato di bruciare la Terra, precipitò nelle acque di un fiume. Noi siamo lí, incastrati tra le macchine che fumano e strepitano, guardiamo quel giovinetto che tiene la sua poesia tra le mani e sentiamo qualcosa dentro, una voce flebile, lontana. E subito il traffico ci spinge piú avanti.

Avevamo quattordici anni, baffetti pelosi, malinconie che arrivavano a tradimento e motorini ancora nuovi, e sul far della sera talvolta l'inquietudine ci faceva squartierare: fuggendo dalle stradine raggomitolate attorno a corso Trieste, imboccavamo l'Olimpica che pareva un'autostrada dove le macchine sfrecciavano verso l'ignoto, infiniti chilometri di buio punteggiati dai lampioni e dalle insegne dei benzinai. Prima del tunnel piegavamo a destra, verso la perdizione, verso l'inferno. In fondo alla discesa cominciava Tor di Quinto: già il nome metteva brividi nella schiena e nei pensieri, andava pronunciato rapidamente, come fosse il nome di una strada qualsiasi, dove c'era il campo d'allenamento della Lazio, ecco, nient'altro.

In realtà noi arrivavamo fin laggiú per vedere con gli occhi lucidi di febbre le sacerdotesse del peccato, le oscene e strepitose vestali del sesso, le innominabili puttane. Non erano simili in nulla alle mercenarie di oggi, povere ragazzine slave, biondine magre e sottili che fanno stringere il cuore: no, quelle erano immense e sguaiate, ridevano e urlavano attorno a fuochi che parevano salire dal centro della terra, fiamme scomposte che promettevano godimenti terreni e punizioni divine. Le donne passeggiavano tra l'oscurità e il rosso di quell'incendio continuamente riattizzato, indossavano assurdi abiti da sera, cantavano canzoni popolari, erano bellissime e spaventose.

Oggi che il mercato del sesso si è spostato altrove, che ha altre protagoniste, rituali piú frettolosi e crudeli, Tor di Quinto è diventato un'anonima via di scorrimento. Eppure due o tre prostitute continuano a lavorare sotto quei platani: sono cosí vecchie e malandate che fanno tenerezza. Una è sempre circondata da grossi cani bastardi, pare continui a battere solo per sfamare quei bestioni; un'altra sembra una professoressa in pensione, ha una dentiera bianchissima e i capelli biondi a caschetto, zoppica avanti e indietro come un'anima in pena. Hanno speso tutta la loro vita per concedere qualche attimo di felicità a uomini soli. Ci vorrebbe una legge Bacchelli anche per loro, una piccola pensione che finalmente le faccia riposare.

Ho sempre pensato a via Veneto come a un placido fiume che scorre in salita: la sua sorgente è la piccola fontana delle

Api, nell'angolo di piazza Barberini, la foce è il delta di Porta Pinciana, là dove la strada si scompone tra gli archi. Quasi all'inizio, sotto i platani cresciuti sulle rive, c'è la cupissima chiesa dell'Immacolata Concezione, meglio nota come la chiesa dei Cappuccini. La sua cripta è un luogo che fa accapponare la pelle anche al romano piú disincantato e sbruffone, anche all'adolescente abituato a sghignazzare nei tunnel dell'orrore di qualsiasi luna park o davanti ai film piú truculenti, quelli dove i cadaveri escono barcollando dalle tombe e bussano imperiosamente alla porta di casa. Qui c'è poco da scherzare, e per difendersi dal raccapriccio non basta nemmeno la solita sfrugugliata alle parti basse, tipica ad esempio di chi transita in via Giulia di fronte alla chiesa dell'Orazione e Morte, là dove, incisa nel marmo, c'è una scenetta ben macabra, uno scheletro che avverte: «Odie mihi, cras tibi», che vorrebbe dire oggi sono crepato io, ma ricordati che domani creperai tu.

Per reggere una visita intera alla cripta dei cappuccini bisogna avere nervi d'acciaio. Le ossa di centinaia di trapassati sono disposte secondo un ordine artistico che le rende ancora piú spaventose: ci sono cornici composte di vertebre, rosoni fatti di tibie e femori, decorazioni dove s'alternano mandibole e bacini, e in mezzo a tanta fioritura d'ossa appaiono i corpi scheletriti e ancora vestiti con il saio francescano di tanti monaci defunti secoli e secoli fa. Alcuni sorreggono nella mano un cranio, altri sono distesi, altri ancora paiono in cammino. Verrebbe voglia di dire: è tutto finto, è un effettaccio da Cinecittà, uno scherzo di carnevale. Purtroppo, invece, è tutto vero. Allora ci catapultiamo fuori, a succhiare con ogni poro la luce bellissima di via Veneto, a godere anche del traffico piú rumoroso. Trema la nostra dolce vita, là fuori, e non importa se non ci sono piú le attrici americane e i paparazzi, ci basta camminare al sole, canticchiare, fermarci in uno di quei bei caffè a gustare un cappuccino pieno di schiuma.

Per una misteriosa sincronicità, al momento giusto alcune immagini escono dall'ombra e vengono incontro ai nostri pensieri, si uniscono a loro e spesso li chiariscono. Se ne stavano da secoli rannicchiate in un angolo scuro, aspettando la situazione adatta per offrirsi, e d'improvviso le abbiamo davanti, perfettamente accordate ai problemi che abbiamo in quel preciso istante: o forse, chissà, come diceva Jung siamo proprio noi che inconsciamente le andiamo a cercare.

Ho visitato tante volte la basilica di Santa Maria sopra Minerva e credevo di conoscere bene le straordinarie opere d'arte che contiene. Ci sono i bellissimi affreschi di Filippino Lippi nella Cappella Carafa, una statua del Cristo che regge la croce, un Cristo di gamba corta, opera di un Michelangelo meno ispirato del solito, e poi c'è la tomba del Beato Angelico, che sembra un immenso francobollo di pietra, e un'Annunciazione di Antoniazzo Romano e tante altre opere che rubano gli occhi.

Ma oggi v'invito a recarvi nella cappella in fondo a sinistra e a guardare con attenzione il monumento funebre di un certo Giovanni Arberini.

È un'opera del Quattrocento, forse di Mino da Fiesole, costruita attorno a un sarcofago classico del v secolo a. C. Osservate bene il bassorilievo sul sarcofago, ascoltate ciò che sta dicendo adesso, a noi uomini del ventunesimo secolo sull'orlo di una crisi mondiale. Ercole è impegnato in una delle sue dodici fatiche, è in lotta con il leone Nemeo, lo ha afferrato per il collo e sta per strangolarlo: tutti i muscoli dell'eroe sono tesi nello sforzo, e il leone si dibatte, prova a sfuggire alla morsa fatale, solleva una zampa per colpire Ercole sulla testa, apre la bocca quasi a cercare l'ultimo respiro, soffre gli spasmi della fine. In questo bassorilievo antichissimo ho visto l'America erculea in lotta col leone afgano, l'Occidente e l'Oriente avvinghiati in un modo spaventoso. Dietro a loro il paesaggio è scabro, appena un alberetto contorto in mezzo al nulla. Ercole e il leone lottano per abbattersi, e non lo sanno di essere un'immagine sul lato di una bara, una fatica mostruosa che serve solo a decorare il fianco della morte.

Bello e impossibile era il mercato di piazza Vittorio, col suo sapor mediorientale, come cantavamo qualche anno fa. Rispettabilissime ragioni igieniche lo hanno sloggiato dal marciapiede per assegnargli una sistemazione piú razionale, all'interno di un edificio preparato ad accogliere banchi e frigoriferi. A noi rimane un po' di nostalgia per quel caravanserraglio di merci, odori, colori e grida che avvolgevano la piazza, per le chiacchiere e gli spintoni che venivano scambiati in quel corridoio stretto e caotico. In questo momento cosí critico per la storia del mondo c'è un gran bisogno di luoghi in cui incontrarsi con gente diversa, per vincere il sospetto e la paura. Possiamo prenderci un caffè nel bar *Roma Città Aperta*, in via Principe Amedeo, un onorevole gesto di fiducia e di civiltà, ma è cosa di un minuto e subito ci ritroviamo in mezzo alla strada, soli coi nostri inquieti pensieri. E allora dirigiamoci verso i grandi magazzini Mas, in via dello Statuto, una sorta di Onu dei disgraziati. Fuori dall'immenso edificio umbertino penzolano le bandiere di tanti stati diversi – il globo brasiliano, le mezze lune arabe, le stelle dell'Unione europea – arrotolate dal vento e un po' stracciate. Dentro c'è il mondo intero in vendita a nove euro e novanta, montagne di magliette e camicie, accappatoi e scarponi, piumini e tute sportive, e anche giocattoli e orologi, quadri e tappeti, teiere e mutande, vasi e lampadari, tutto quanto a prezzi quasi irreali. Attorno alla confusione dei banchi, toccando e valutando, girano i nuovi poveri della nostra città, formose nigeriane, piccoli cinesi, arabi riccioluti, donne con il chador e uomini baffuti e olivastri, bambini di tutti i colori, ma pure tanti italiani con pochi soldi in tasca. Capita di fare rapide considerazioni su una camicia a scacchi con uno straniero esitante e poi, chissà come, la conversazione si allarga, si parla di Roma e del Papa, di calcio e di guerra, della vita che è difficile ovunque, ma in qualche posto ancora di piú. La camicia alla fine la compriamo noi, costa cosí poco, ma l'idea che stiamo tutti sotto lo stesso cielo, quella ci viene data in dono, ed è preziosa.

Ho cercato in tutti i modi di farmi piacere, o almeno di capire, le immagini che i ragazzi disegnano con le bombolette spray sui muri di Roma. Mi sono anche fatto spiegare la faccenda da un giovanissimo amico bracalone che nottetempo scatena la sua creatività colorando vagoni ferroviari e grigi tratti della città, e lui mi ha accompagnato a visitare quelle che considera le cappelle sistine dei nostri tempi, chilometrate di lettere incastrate una nell'altra, a comporre forme e frasi per me assolutamente indecifrabili. Ho intuito che ci sono tendenze diverse, dure polemiche tra opposte scuole di writers, maestri ed epigoni, pischelli imbrattatori e veri geni della decorazione urbana. Ho verificato, ho annuito, ma devo ammettere che continuo a passare accanto a quegli schizzetti isterici o a quelle letterone intrecciate senza provare altro che un leggero fastidio.

Una notte, però, mentre scendevo per via Durante, uno stradone che porta dalla Trionfale alla Balduina, ho visto un ragazzo che dipingeva un profilo su un muro. Mi ha raccontato che era il ritratto di un suo compagno di scuola, ucciso da una meningite fulminante pochi mesi prima. Con l'andare del tempo, attorno a quel profilo malinconico che sembra osservare la follia del mondo dal silenzioso regno dei morti, altri compagni graffitari hanno voluto lasciare un segno, un ricordo, un'immagine, e cosí quella parete periferica è diventata un album colorato dove si ritrovano i pensieri e le fantasie di chi ha voluto bene a Giacomo C., morto a diciotto anni. Una targa ricorda, in un linguaggio anche troppo formale, che i murales sono stati realizzati dai suoi amici per gentile autorizzazione dell'Acea. C'è un pupazzo sorridente, con una sciarpa al collo tra le cime dei monti, e una scritta che dice: «Tu sopra ogni vetta, noi in preda alla sconfitta», e un grande gatto Felix che sostiene la frase «Young, too young». Troppo giovane per morire, troppo giovane per essere dimenticato. «Ahi! su gli estinti | non sorge fiore, ove non sia d'umane | lodi onorato e d'amoroso pianto», scriveva Foscolo, e i ragazzi, anche se non hanno amato i *Sepolcri*, lo sanno bene.

Le persone che vanno a vedere la partita spesso si dànno appuntamento con gli amici «alla palla», precisando con un sorriso: «Non quella rotta davanti al ministero degli Esteri, quella sana davanti all'Olimpico», perché può capitare di sperdersi tra i diversi testicoli. Nel piazzale della palla sana c'è un mare di gente e di colori, biancazzurri o giallorossi secondo il turno domenicale, e anche venditori di panini imbottiti e di caffè Borghetti, bagarini e celerini. Sono tutti in attesa di salire sugli spalti o di concludere qualche affaretto.

Credo che quasi nessuno faccia caso al pavimento del piazzale, gli rivolge un'occhiata solo chi spegne la cicca sotto il tacco della scarpa. Invece quel grande mosaico, il piú grande di tutta Roma, merita attenzione e vale la pena di passeggiarci sopra in un giorno feriale, o una domenica mattina. È un compendio perfetto della politica e dell'estetica fascista, tutta eroismo e retorica classicità. Milioni di minuscole tesserine bianche e nere formano slogan inquietanti, tipo «Duce, la nostra giovinezza a voi la dedichiamo» o il piú noto «Molti nemici, molto onore», e decine d'immagini guerresche e agonistiche. Sul pavimento si vedono addirittura il camion di una squadraccia sventolare un gagliardetto con la scritta «Me ne frego», e tanti leoni sparsi qua e là, tante gazzelle, a ricordare le conquiste africane dell'Impero. Ma la rappresentazione dei vari sport è veramente bella, i corpi degli atleti hanno una plasticità sironiana, sono elementari e potenti. Ruotando attorno alla palla scopriamo nel tappeto musivo giavellottisti e pugilatori a riposo, tuffatori e nuotatori, fiorettisti e lottatori, ostacolisti e sollevatori di pesi, e persino giocatori di hockey e fantini in groppa a cavalli monumentali. Sono figure realizzate seguendo cartoni disegnati da importanti artisti dell'epoca, Canevari, Rosso, Severini. Purtroppo cominciano a sgretolarsi, perché spesso il pomeriggio quel pavimento diventa una pista di pattinaggio e le rotelle fanno schizzare via le tesserine. E poi cade la pioggia, corre il vento, picchia il sole dell'estate, e il tempo che vola sbriciola anche i corpi piú atletici.

Se l'uomo è ciò che mangia, allora gli italiani sono fatti di pasta al sugo: e forse per questo gli altri europei diffidano un po' di noi, perché siamo difficili da arrotolare, sfuggiamo da ogni parte e macchiamo facilmente, se pensiamo troppo diventiamo scotti e molli, se andiamo di fretta restiamo rigidi e sgradevoli. Per capire meglio la nostra natura vale la pena di visitare il Museo Nazionale delle Paste Alimentari, a piazza Scanderbeg (il biglietto però è troppo salato). Ogni segreto della pasta è indagato, quella quotidiana occupazione che liquidiamo con quattro voraci forchettate è analizzata in ogni suo intimo aspetto: ci sono tabelle che illustrano con grande cura i vari passaggi della produzione, dalla molitura alla miscelazione delle farine, dall'estrusione all'essiccamento, e le macchine adibite a questi lavori sono tutte esposte nelle sale, in versioni moderne e arcaiche; altre tabelle spiegano i princip̂i nutritivi, le proteine, i lipidi, i carboidrati e le vitamine che ingoiamo senza neppure accorgercene, distratti dalla bontà del condimento o dal televisore acceso. Sulle pareti spiccano quadri ottocenteschi dove tanti Pulcinella sono impegnati a sfamarsi coi maccheroni, e cento pubblicità della Barilla o della Agnesi che invitano a darci dentro, perché la pasta è sole e gioia, costa poco e consola dai mali del mondo. Leopardi, a dire il vero, aveva qualche dubbio, e nei *Nuovi credenti* scriveva: «S'arma Napoli a gara alla difesa | de' maccheroni suoi; ch'ai maccheroni | anteposto il morir, troppo le pesa. | E comprender non sa, quanto son buoni, | come per virtú lor non sien felici | borghi, terre, province e nazioni». Ci si abbuffa per non pensare alla morte, insomma, e ci si stupisce che lo spaghetto non renda piú lieto ogni luogo. Un certo Gennaro Quaranta cosí gli rispondeva: «Ma se tu avessi amato i maccheroni | piú de' libri, che fanno l'umor negro, | non avresti patito aspri malanni. | E vivendo tra pingui buontemponi | giunto saresti, rubicondo e allegro, | forse fino ai novanta o ai cent'anni». Al Museo è possibile leggere queste poesie e meditarci sopra con calma, ma non troppo, perché è già ora di pranzo.

Passeggiando per Roma è bene ogni tanto lanciare un'occhiata in alto, come si lancia nell'azzurro di un laghetto un amo speranzoso: c'è caso di pescare un bell'angelo di marmo sospeso su un cornicione, o lo scorcio ardito di una cupola, o anche solo la faccia simpatica di una signora affacciata alla finestra. Un saluto e via, perché la pesca miracolosa può offrire nuove sorprese. Ad esempio, dopo aver preso il piú famoso caffè della città nel bar di piazza Sant'Eustachio, il palloncino dello sguardo si risolleva per incagliarsi stupito tra le corna dell'immensa testa di cervo che domina la chiesa antistante. Che ci fa quel capoccione bestiale in cima a una facciata barocca? E perché tra le corna ha una croce? È forse il simbolo dell'incontro tra il cristianesimo e una religiosità pagana, tra l'ordine squadrato e divino della croce e il disordine ramificato e silvano delle corna?

Dietro a quell'immagine c'è la storia di Eustachio, comandante delle truppe di Traiano. Un giorno, mentre camminava tra gli alberi, gli si parò davanti un grosso cervo, proprio come a De Niro nel celebre film. Anche Eustachio era un abile cacciatore, e cosí tese l'arco per uccidere la bestia, ma d'improvviso tra le corna del cervo gli apparve la croce luminosa: a convertirlo a Dio non fu una voce superiore, un cherubino o un santo, ma un semplice animale, una mite creatura del bosco.

Eustachio comprese il messaggio e si fece cristiano, e con lui anche la moglie e i due figli. La leggenda racconta che venne mandato in esilio e poi, dopo qualche anno, fu richiamato per combattere una guerra. Si comportò da valoroso, però non volle chinarsi agli dèi bugiardi dello stato romano. Per questo lui e i suoi familiari furono gettati in pasto alle fiere: ma tigri e leoni non li toccarono, anzi, si accoccolarono come affettuosi gatti romani attorno a loro. Allora l'Imperatore, furioso, gettò Eustachio dentro un toro di bronzo arroventato. La pala dell'altare maggiore della chiesa, opera di Nicola Salvi, descrive la scena del martirio. Ci volle un animale finto per uccidere Eustachio, perché gli animali veri erano suoi amici. Sono sempre nostri amici, gli animali.

A volte capita di trovarsi in un ingorgo mostruoso e di sentirsi come criceti tra le spire d'un serpente di metallo: nelle macchine tutti suonano i clacson, inveiscono contro la vecchia che ha perso il tempo del semaforo verde, contro il vicino che stringe, contro l'autobus messo di traverso, contro il mondo intero.

Siamo all'incrocio tra via di Portonaccio, la Prenestina e l'Acqua Bullicante, in un groppo di lamiere e bestemmie, e per un attimo sembra che non ce la faremo mai a districarci, che passeremo il resto della vita a insultare il prossimo e a maledire la città. E d'improvviso lo sguardo piega su un angolo fiorito: sotto il mosaico di una madonnina ci sono tanti mazzi di rose e garofani, gigli e margherite. E sul muro, a destra e a sinistra, prima dei cartelloni pubblicitari che ci offrono cose inutili, centinaia di volte è ripetuta la parola «grazie». È uno di quegli angoli dove si raccolgono gli ex voto della gente semplice, caduta in mezzo a guai spaventosi, che un giorno ha chiesto alla madonna, alla vita, alla fortuna di gettare un occhio clemente sulle proprie disgrazie. E poi, perché le cose sono imprevedibili, perché la speranza crea nuove energie, per pura buonasorte o per vero miracolo, il figlio malato è guarito, la donna sterile ha partorito, il lavoro finalmente è arrivato, un amore che pareva morto ha trovato nuova linfa. E cosí chi ha supplicato questa madonnina stradale è tornato a ringraziare. Alcune targhe risalgono al dopoguerra e altre sono recentissime, certe sono a forma di cuore, alcune sono di marmo e altre di pietra; incastrato nel muro c'è un povero mattone che porta il suo grazie inciso con un chiodo, c'è la manetta di un carcerato, una scheggia di legno scritta da un immigrato, e un cartello che recita: «Quando ormai ogni speranza era persa, con provvedimento miracoloso...» e la pioggia ha lavato via il resto, ma sotto si leggono ancora le sigle dell'Atac, dell'Acotral, del Codacons: chissà cos'era successo, quale storia tremenda è finita con quel ringraziamento. Quante storie di cui non sapremo niente. Ma quel muro di gratitudine per un poco sostiene i nostri pensieri, ci accompagna a casa.

Negli anni Settanta alcune piazze erano dei feudi fascisti assolutamente inavvicinabili, si rischiavano le botte e forse anche peggio, e se nel caso di piazza Euclide in fondo non si perdeva granché, vista la sua dichiarata mestizia, c'era invece da dispiacersi per la perdita di piazzale delle Muse, luogo tra l'altro assai amato da Sartre e Simone de Beauvoir.

Per fortuna da molto tempo quel rettangolo affacciato su uno dei panorami piú belli della città è di nuovo frequentabile: ci si può sedere sulla veranda del bar *Parnaso* e ammirare dall'alto la moschea, il fiume, i campi dell'Acquacetosa, l'Olimpica che pare una pista di macchinine, e piú lontano le sagome dei palazzoni di Bel Poggio, e ancora piú in là il profilo di monti sconosciuti. Ma soprattutto si può andare a far visita a uno degli alberi piú simpatici di Roma. Non so se avete presente quei cavallucci bassi e miti, con la pancia che quasi struscia per terra, sopra ai quali i bambini, seguiti dallo sguardo apprensivo dei genitori, sperimentano per la prima volta l'ebbrezza di una piccola cavalcata. Piú avanti quei bambini monteranno su purosangue scalpitanti, o su motociclette velocissime, ma intanto assaporano su quei mezzi ciuchi la gioia dondolante di un giro nel parco, e se la ricorderanno per sempre. Ecco, l'albero che sta al centro di piazzale delle Muse è come un somarello vegetale. Per uno strano scherzo della natura, o forse per un feroce colpo di vento, ha il tronco cosí piegato che quasi ci si può camminare sopra. I tronchi salgono verticali, è il loro destino, ma questo smentisce ogni regola e rasenta il terreno, pare che dica a ogni bambino: sali tranquillo, prova, vedrai, non c'è pericolo. Comincia da qui, da me, prenderai fiducia e un giorno t'inerpicherai sui rami dei miei altissimi fratelli, troverai il coraggio per saltare da un ramo all'altro, per affrontare ogni difficoltà della vita. A forza di essere pestata dalle scarpe dei bambini, la corteccia è diventata liscia, come quelle statue dei santi sfregate dalle mani dei loro devoti. E in fondo quest'albero è un po' un santo protettore dell'infanzia, dell'innocenza, dei giochi belli che non tornano piú.

Ogni anno dal palato del cielo piovono forchette e cappelli da cuoco, si polemizza su un mezzo punto in meno assegnato a un ristorante di grido, si paragonano le liste dei vini, la qualità dei servizi, la bontà dei dessert e le tremende cifre da pagare a fine cena. In generale, comunque, i recensori riconoscono un progresso nella ristorazione romana: pare insomma che si mangi meglio di qualche anno fa. Noi comuni degustatori, piú modestamente, rimaniamo sempre piú interdetti leggendo i menu: presentata con eleganti caratteri inglesi, ogni pietanza occupa ormai non meno di due righe, e piú la descrizione è dettagliata meno capiamo a cosa andremo incontro. Fili di struzzo avvinti in foglie di cavolfiore e stramazzati in crema di mirtilli, oppure veli di tonno capriolati in sugo cacciatore e ingentiliti da sentimenti di ginepro: sono piatti cosí che ci fanno sentire stupidi e inadeguati. Allora è meglio fare una spedizione a vicolo dell'Annunziatella, quartiere Ardeatino, all'antica trattoria *Da Ric-*

cardo, aperta dal 1935. In un romanzo di McEwan il protagonista, per un prodigio spaziotemporale, si ritrovava fuori dal locale dove suo padre e sua madre, ancora ragazzi, sorseggiavano la birra del loro primo incontro. Le loro biciclette erano appoggiate contro il muro del pub e lui dalla finestra li vedeva parlare amorosamente, ignari del futuro e del figlio che un giorno avrebbero avuto. Se mai andrete *Da Riccardo* proverete la stessa vertigine temporale. È facile immaginare che tra quelle semplici e antiche mura i nostri genitori in un bel giorno di festa abbiano gustato una carbonara e dei broccoletti ripassati. Fuori c'è un'aia campagnola, poi un cortile con i tavoli di marmo, la pergola e l'incannicciata, e dentro si respira l'aria sospesa dei luoghi che la storia, la rughetta e i gamberi hanno dimenticato. Su un lato ci sono ancora la vecchia ghiacciaia e il lavabo di pietra, e alle pareti pendono i poster con i giocatori della Roma che ha appena vinto il campionato, eppure sembrano tutti Amadei o Losi. Si mangia benissimo, si sta benissimo, e per un'ora ci si sottrae alla furia del tempo.

Flamenco, Messalina, Apache, Turbo, Pamplona, Gigolò ed Emiro stanno per partire. La gente sale sulle gradinate, molti si attaccano alle reti di recinzione per essere piú vicini alla pista: e tutti tormentano tra le dita il tagliando della scommessa. Di colpo cala un silenzio macchiato da colpi di tosse e qualche tremenda scatarrata. Non c'è un uomo che non abbia la sigaretta accesa tra le dita e non la succhi a piú non posso. Ci siamo. Ancora un attimo, ecco. Pronti, via!

Sette levrieri sbucano dai box e corrono come satanassi dietro alla lepre meccanica. Sono quattrocentocinquanta metri divorati a falcate vorticose, la muta dei cani si distende come un colpo di tramontana, i primi s'allungano, gli altri rinvengono, è una folata di zampe e muscoli, una schioppettata di musi sparati verso l'arrivo.

Pochi secondi e la corsa è già finita, non si capisce nemmeno chi ha vinto e chi ha perso. Davanti a noi un vecchio accartoccia la puntata: «Lo gioco, m'ariva ultimo. Nun lo gioco, m'ariva primo. Lo rigioco, ultimo. Quella bestiaccia me se magna er fegato». La folla si sbanda, qualcuno impreca, i pochi che hanno azzeccato la puntata passano ai picchetti a ritirare i soldi. E poi sono di nuovo tutti con il programma in mano a studiarsi la prossima corsa.

È il mondo del cinodromo di ponte Marconi, l'ultima spiaggia degli scommettitori. Un posto di una malinconia straziante, e dunque anche commovente, se ci si va una domenica ogni tanto. Si colgono, nei capannelli che si formano e si sfasciano, frasi indimenticabili: «Condor e Quiz, primo e secondo, pastasciutta e bistecca, er pranzo è completo». Oppure: «Io su Belzebú me ce gioco pure l'anima».

Prima della corsa i cani sfilano davanti agli scommettitori: sono animali che sembrano usciti da un manuale di zoologia fantastica, sottili e puntuti, lievi e inquietissimi, figli di un mustang e di un uccello. Passano guardando distrattamente chi su di loro si giocherà uno o mille euro: pensionati enfisemici, zingari pieni di anelli, curiosi, sfaccendati, uomini pronti alla rovina o già rovinati. E la nuova corsa è già sul punto d'iniziare: durerà il tempo di una speranza, di un'imprecazione.

Tempo di mortiferi mortai, questo, e allora noi andiamo a cercarci un luogo dove la vita nasce e verdeggia: un bel vivaio. In realtà i vivai sono tutti belli, con le loro file di piante dai nomi impossibili che vorremmo imparare a memoria e subito dimentichiamo, con i sacchi di terra concimata che vorremmo svuotare anche sotto i nostri piedi, per combattere ogni aridità, con quelle serre piene di colori e profumi. Ma il piú bello di tutti sta sull'Appia antica, regina superba delle vie del mondo, proprio davanti al Circo di Massenzio e alla tomba di Cecilia Metella. È un punto della città che tutti pensiamo di conoscere bene, ma dove in fondo si passa assai di rado, perché la vita pulsa altrove, nell'animazione del centro o nel disordine delle periferie. L'Appia antica ci appare come una cartolina perfetta, uscita da un libro di storia, dove la nostra presenza in fondo non pare necessaria: è una strada remota che andava, portava, ma ora non va e non porta in nessun luogo. L'occasione giusta per tornare di nuovo a passeggiarci potrebbe essere una visita a questo splendido vivaio, alla ricerca di un melograno, di un bambú, di una rosa rossa o di un abete natalizio, o di un vaso particolare tra i mille esposti. In una vecchia serra sono raccolte le piú pregiate specie di piante grasse, forme ardite, contorte, spinose, iguane e salamandre vegetali che mettono i brividi addosso. Guardiamo e ripetiamo i nomi latini con un senso di stupore per quei miracoli naturali: la mammillaria uncinata, la matucana formosa, la rebutia albipilosa e cactus d'ogni tipo, mentre oltre i vetri si distendono altre meraviglie latine, le sontuose rovine del nostro passato, il sepolcro di Romolo, il grande circo per la corsa delle bighe, la dolce tomba di Cecilia. Storia e natura accompagnano il corso dell'Appia, fiori e pietre fanno il viandante lieto e pensieroso. Se vi serve ancora una spinta per muovervi, posso dirvi che all'interno del vivaio c'è una deliziosa caffetteria dove si può anche pranzare. Quando si è lí, viene voglia di cambiare mestiere, di diventare giardiniere o custode di una colonna: qualsiasi cosa pur di restare dentro a tanta pace.

Girando per le vie, entrando nelle chiese e nei musei, scopriamo che a ogni angolo può nascondersi una sorpresa: e anche se apparentemente non c'è nulla di speciale, anche se è solo un angolo qualsiasi della città, un luogo anonimo di transito, vale la pena appoggiarvi gli occhi. «C'è sempre da guardare», scriveva Rilke. Un bar di periferia può contenere un continente, un piccolo fioraio può avvicinarci alle foreste, un mendicante gettato sul marciapiede può farci soffrire quanto una guerra. Forse non c'è un punto della città piú intenso e profondo di un altro: ci siamo noi e le cose che abbiamo davanti agli occhi e che poi stanno dentro all'anima. «Ti annoi perché sei noioso», diceva Elsa Morante, grande romana: ma se ci manteniamo aperti e disponibili possiamo stupirci ogni giorno, forse ogni momento. E allora andiamo pure in isole lontane, ma non dimentichiamo che l'isola dei romani sta in mezzo al Tevere, ancorata da millenni come un bastimento che aspetta di salpare e non si decide, perché l'acqua del porto che lo sostiene racconta ogni giorno qualcosa di nuovo. Magari sono anni che non attraversiamo le passarelle di ponte Fabricio e ponte Cestio per salire a bordo dell'isola Tiberina. Potremmo ammirare l'obelisco, piantato come un albero maestro al centro della tolda, o la chiesa di San Bartolomeo, o quella piccina di San Giovanni Calibita, potremmo fermarci a mangiare al vecchio ristorante della *Sora Lella* o recarci a visitare un amico sfortunato all'ospedale *Fatebenefratelli*. Ma la cosa piú bella è scendere a passeggiare sullo zoccolo bianco che gira tutt'intorno, sfiorato dalla corrente. Ora l'acqua del fiume è scarsa e l'isola pare arenata in una malinconia. È un buon posto per sedersi e riflettere su tutto e su niente, lasciando che il vento ci mangi la sigaretta e ci scompigli i pensieri.

Acqua aria terra e fuoco, secondo i filosofi piú antichi gli elementi primi dell'universo, possono impazzire ogni momento: e allora sono inondazioni rovinose, cicloni che spazzano tutto, frane terrificanti, incendi infernali. Spesso è la mano dell'uomo a stravolgere il fragile equilibrio della vita: una mano superba che offende, brucia, devasta, che gode a seminare morte e distruzione. E cosí c'è chi deve correre a porre riparo, subito, adesso, prima che tutto degeneri, quando le fiamme gridano e il mondo va in fumo, quando il pericolo è massimo. Poi arriveranno i politici, i discorsi di chi sdegnato condanna e auspica una pronta ricostruzione: ma intanto in mezzo alla catastrofe ci s'infilano i pompieri, a rischiare la pelle per salvare il salvabile. Li abbiamo ammirati tra le macerie delle Torri Gemelle, e a Roma in via Ventotene, angeli umani, generosi, mortali. Nella nostra pigra immaginazione li avevamo lasciati in cima a una scala alle prese con un gattino o una fanciulla scarmigliata, oppure con un idrante in mano a spegnere un fuoco lontano: ora sappiamo definitivamente che i pompieri crepano per noi ogni giorno e che non si tirano mai indietro. Cosí mi sembra giusto dedicare un'isola alla piú bella caserma dei pompieri che ci sia al mondo. Sta tra via Caposile e via Cantore, nel quartiere Prati, e porta il nome di Massimo Frosi, un giovane pompiere deceduto in un elicottero precipitato sul monte Gennaro. È un edificio costruito negli anni Trenta, un'epoca politicamente tragica ma che ha lasciato alla città tante splendide costruzioni. La caserma Frosi è un gioiello architettonico, armonioso e funzionale, sembra un castello antico eppure moderno, con due torri circolari e mura possenti. Sei grandi saracinesche rosse dividono e congiungono la caserma e la strada: basta una chiamata, un allarme, e in un baleno le saracinesche si sollevano e a sirene spiegate escono le autobotti cariche di uomini lanciati verso le fiamme e le disgrazie. Vanno e non sanno se torneranno indietro, se a sera avranno un piatto di pasta o una medaglia al valore.

Leggendo le guide turistiche di tutto il mondo prima o poi ci s'imbatte nella frase: «questo è un paese ricco di contraddizioni». È un luogo comune che ormai fa sorridere, suona come un ritornello talmente orecchiabile da sembrare fasullo: eppure è sempre assolutamente vero. A guardar bene, anche il luogo che appare piú omogeneo e compatto contiene il suo opposto. Una piccola riprova può essere un transito al Laurentino 38, quartiere che è diventato l'emblema dell'invivibilità metropolitana. Da qualche anno sono stati piantati tanti alberetti nel mezzo di via Silone, l'arteria che costeggia gli enormi blocchi abitativi, ma certo quelle macchioline verdi non bastano a toglierci dalla mente la sensazione di essere giunti nel regno dell'asfalto e del cemento, del grigiore urbano, dell'asprezza e della malinconia. Era un progetto architettonicamente all'avanguardia, come Corviale, ma oggi non so quanti andrebbero volontariamente a vivere al Laurentino 38.

E mentre ci ripetiamo le solite tiritere, che la città può diventare una trappola, che in certi luoghi i rapporti umani rischiano di perdersi, che i bambini a dieci anni hanno visto piú siringhe che galline, d'improvviso, come per incantesimo, ci ritroviamo in campagna. È bastato imboccare via Carlo Levi per fare un salto spaziotemporale che lascia a bocca aperta e capovolge ogni pensiero: a destra e a sinistra ci sono decine di minuscoli campi coltivati, divisi da recinzioni fatte con le reti dei letti e il filo spinato, ognuno con la sua baracchetta dove i contadini tengono gli attrezzi, ognuno con il suo bel bastardone che abbaia agli intrusi.

«Ben arrivato nella valle dei broccoletti», ci dice un vecchio con la scoppola in testa e le maniche arrotolate, uno che pare uscito dal *Quarto Stato* di Pellizza da Volpedo. «Me li coltivo e me li vendo al mercato, faccio questo da venticinque anni, in nessun posto al mondo i broccoletti vengono bene come qui». Il cemento brutale è alle spalle, dalla Colombo occhieggia l'insegna del Palacisalfa, dove la notte suonano gruppi rock inglesi e americani, e noi stiamo tra i filari e le zappe, come elastici tesi tra le contraddizioni.

Da quanto leggo sui giornali, sta per aprirsi una stagione di grandi eventi artistici, e comincio a preoccuparmi: già la parola evento mi agita. Capisco che Roma deve reggere il confronto con Londra, Parigi, Berlino, New York, altiforni della cultura che innalzano colonne di fumi variopinti: mostre epocali, concerti faraonici, colossali retrospettive e panoramiche a trecentosessanta gradi; capisco che il mercato del turismo, cosí concorrenziale e spietato, esige che l'offerta sia sempre piú roboante: però temo che queste nuvole gigantesche rubino luce e attenzione alle minime e bellissime gemme che da sempre rendono Roma un luogo speciale.

Chi si mette in fila ore e ore per sorbirsi una megamostra, avrà poi la voglia di entrare da solo in una chiesa o in un piccolo museo per ammirare un unico quadro, magari anche male illuminato e un po' scrostato? Eppure l'eccezionalità di Roma sta molto nei suoi capolavori seminascosti, in quei tesori che vanno cercati e scovati nella penombra di un vicolo o di un chiostro. L'individuo e il capolavoro si vengono incontro silenziosamente, quasi di nascosto, come in un primo appuntamento amoroso, senza riflettori e grancasse. E poi l'innamorato torna in quel luogo per anni, a rinnovare un'intimità e una gioia. Ad esempio ogni volta che passo davanti alla chiesa di Trinità dei Monti non rinuncio a fare visita a una meravigliosa *Deposizione* di Daniele da Volterra, pittore del Cinquecento chiamato scherzosamente il Braghettone perché mise le mutande a tutti i nudi michelangioleschi della Cappella Sistina. La sua *Deposizione* ricorda quella piú celebre di Rosso Fiorentino: anche qui ci sono scale poggiate alla croce e manovali del dolore arrampicati come acrobati per schiodare e calare il corpo di Cristo, mentre la madonna si contorce a terra nel suo strazio di madre. Il quadro avrebbe i colori accesi e un po' acidi tipici del Manierismo italiano, ma il tempo e alcuni pessimi interventi l'hanno ridotto a una sorta d'intonaco sbiadito e sgretolato. Ci vorrebbe un restauro: ma ci saranno i denari necessari, oppure ogni monetina verrà risucchiata nella pancia ingordissima dei grandi eventi?

Carico di tifosi è il tram che la domenica corre per via Flaminia, affacciati ai finestrini i ragazzi già intonano i cori che poi risuoneranno in curva, salutano i passanti agitando le bandiere giallorosse o biancazzurre, vivono l'euforia dell'attesa: poche ore piú tardi il tram li riporterà indietro e saranno ancora piú eccitati per la vittoria o per la sconfitta, sempre ingiusta, sempre immeritata.

Difficilmente qualcuno di loro noterà quella minima chiesetta che il tram sfiora e subito si lascia indietro, proprio sotto al verde dei monti Parioli. Eppure il Tempietto di Sant'Andrea, opera del Vignola, è uno degli esempi piú belli del Rinascimento romano, ha una grazia che ruba gli occhi e fa bene al cuore. Se ne sta lí, modesto, discreto, davanti a un bar anonimo e accanto a un giardinetto dove i cani della zona vengono portati a sgranchirsi le zampe e a defecare. Nessun turista straniero o italiano lo viene a visitare, nessuna cartolina rimanda la sua immagine affrancata nel mondo. Se si vuol citare una prova eccelsa di un Rinascimento mignon, si ricorda sempre il Tempietto del Bramante a San Pietro in Montorio: ma quest'oratorio non è da meno, anche se il suo destino è quello di certi parenti poveri e dimenticati. Pare un cubo di Rubik un attimo prima di essere risolto nella sua compattezza finale: è un dado ancora aperto, gli spigoli sembrano ruotare mirabilmente, le linee si cercano e s'incontrano in un'armonia che è poetica e matematica al tempo stesso. Il triangolo del frontone, il parallelepipedo del timpano, l'ellisse della cupola si sommano e si equilibrano come se finalmente si fosse trovata la leggendaria quadratura del cerchio. Qualche mano insensibile ha tracciato i soliti beceri graffiti sulla facciata, tre o quattro botte di spray nero che sono come schizzi di vetriolo su un viso.

D'altronde questo meraviglioso tempietto fu fatto costruire da papa Giulio III per ringraziare il cielo di essere scampato ai lanzichenecchi durante il sacco di Roma del 1527, il 30 novembre, giorno di Sant'Andrea: ma evidentemente non tutti i lanzichenecchi abbandonarono la città, alcuni sono rimasti qui, per offendere ancora la bellezza.

Se una notte vi capita di passare per viale XXI Aprile, regalatevi cinque minuti di stupore: lasciate la macchina, il motorino, gli impegni, e penetrate in uno degli edifici piú strabilianti della nostra città, il cosiddetto palazzo Federici, dal nome del costruttore che negli anni Trenta realizzò questa follia. È soltanto un caseggiato popolare, ma sembra un immenso castello futurista, una scenografia da *Metropolis*, la materializzazione di quei deliri razionalisti che Sant'Elia, l'architetto amico di Marinetti e Boccioni, non poté mai vedere compiuti perché la guerra lo uccise troppo presto. Quando si entra nei cortili interni, sembra d'essere risucchiati da un sogno: intorno tutto è cosí smisurato, i portoni si susseguono uno dopo l'altro e non finiscono mai, le colonne di vetro illuminato che avvolgono le scale montano come rampe spaziali verso il tetto buio del cielo, centinaia di finestre scrutano ciecamente e tante macchine stanno parcheggiate come in un ingorgo silenzioso. Pare lo stomaco di una balena gigantesca che per scommessa ha inghiottito un paese intero e lo ha riaccatastato in sé con un solo singhiozzo. Anche di giorno è bello visitare l'edificio: la luce del sole allieta questa fabbrica della vita, c'è un viavai incessante di gente affaccendata che sale e scende, entra ed esce, c'è sempre un lato in via di ristrutturazione e un altro che pare sul punto di rovinare; sui portoni sbocciano fiocchi rosa o azzurri, perché in questo piccolo pianeta nasce sempre qualcuno, e ogni tanto una macchina delle pompe funebri si porta via chi ha appena concluso tutte le sue residenze.

Qui Scola girò *Una giornata particolare*, la giornata dell'arrivo di Hitler a Roma, l'unica mattina in cui il palazzone si svuotò quasi completamente perché gli abitanti si riversarono nelle strade ad applaudire il passaggio del Führer. Solo una casalinga infelice e un omosessuale gentile rimasero a casa, indifferenti alla retorica. La loro scala è la numero sei, l'appartamento è al settimo piano, ma osando si può salire piú su, fino in cima, per ammirare dall'alto questo universo sterminato, e la piccola città intorno, e i minimi colli in lontananza.

Vedere le cose dall'alto per fortuna a Roma non è solo un modo di dire: qui è sempre possibile abbandonare per qualche minuto il piano orizzontale degli avvenimenti, l'angolo stretto della nostra visuale, per inerpicarsi su qualche colle. Basta lasciare che da lassú lo sguardo spazi sul reticolo fitto delle strade e delle case, sulle migliaia di vite che s'intrecciano le une alle altre come fili sul telaio, per provare subito un'impressione salutare. Ciò che da sotto ci appariva incongruente, farraginoso, spezzato, da sopra rivela una sua compiuta armonia, e l'anima si allarga, accoglie le contraddizioni, le fonde in un senso piú vasto. E anche la nostra vita parziale e imperfetta, che cosí spesso ci appare inutile e dolorosamente separata da tutte le altre vite, trova la sua collocazione in un paesaggio larghissimo che la contiene e la giustifica.

Tutti quanti conosciamo gli affacci piú celebri: il Pincio, il Gianicolo, il giardino degli Aranci, il bar dello *Zodiaco*. Appoggiati a quei parapetti può capitare di trovarsi spalla a spalla con torme di turisti scaricati da un torpedone, che in cinque minuti devono riconoscere quante piú cupole è possibile, smitragliare foto e lanciare ululati di giubilo. Noi vorremmo un po' piú di pace, vorremmo un belvedere tutto nostro, silenzioso, meditativo. Non ci piace ritrovare in alto ciò che abbiamo lasciato in basso, ansia e precipitazione. E cosí vi vorrei consigliare una piazzetta rotonda e solitaria che pare uno scalcinato disco volante atterrato da chissà dove. Si trova sul fianco di Monte Mario, tra via Platone e via Fedro, e si chiama piazza Socrate, il nome perfetto per un posto cosí, perché ci fa pensare che conoscere la città è un altro modo per conoscere meglio noi stessi. Non c'è quasi mai nessuno: al massimo due vecchi amici che fumano seduti sulle panchine del giardinetto centrale, o una coppietta che si bacia lí dove la rete è sfondata e il panorama s'apre come un sentimento nuovo. Di giorno la città pare allargarsi sotto al nostro sguardo come i cerchi nell'acqua attorno a un sasso; di notte sembra stringersi addosso a noi come una stanza intima e misteriosa.

Poche righe fa raccontavamo lo sguardo che scende da un belvedere sulla città rivelandola unita in un progetto armonioso, come un organismo vivente: adesso ribaltiamo lo sguardo, solleviamo gli occhi per cercare qualcosa che vola nel cielo di Roma e rischia di scomparire. Uccelli canterini o scagazzoni, direte voi, o le scie effimere degli aeroplani che passano, o forse gli angeli di pietra che ci proteggono dai cornicioni delle chiese. Niente di tutto questo: è di un bell'asino volante che vorrei parlare.

È dipinto sul muro di una casa di Tor di Nona, e lo vediamo da tanti anni quando passiamo in macchina sul Lungotevere. Sta lí, con la testona un po' china sui guai del mondo e due alucce speranzose che lo sollevano fino al terzo piano, tra una finestra e un balconcino, e forse anche piú su, nello spazio libero e avventuroso della nostra immaginazione.

Lo osserviamo per bene mentre siamo prigionieri in un ingorgo, o lo sfioriamo appena con gli occhi mentre scappiamo veloci verso qualche impegno, e sempre ci rallegra con la sua improbabilità. Solo nel cielo dei citrulli e dei creduloni esistono gli asini che volano, ma forse anche nel cielo di chi spera possano sempre accadere cose meravigliose, miracoli poetici che contraddicano la gravità dell'esistenza.

Il nostro ciuchino con le ali sta lí da tanto tempo, credo da quegli anni Settanta in cui si sognava confusamente un mondo diverso. Io lo capisco che il patrimonio artistico della nostra città è talmente vasto che i pochi soldi disponibili per i restauri vanno indirizzati verso i capolavori sommi. Lo so che bisogna pensare prima alle mura Aureliane che si sgretolano, ai quadri rinascimentali che s'abbuiano e si crepano, ai palazzi patrizi che rischiano la rovina: però spero che il comune destini una manciata di euro anche a questo murale popolare che a poco a poco la pioggia e i giorni stanno cancellando. Noi a quell'asino volante siamo affezionati e lo vogliamo vedere volare ancora, sostenuto dalle alterne correnti delle nostre illusioni, nutrito dalla biada dei nostri sogni. Ridiamogli un po' di colore, un po' di vento.

«Facci stupire!» dicono gli occhi del solito amico che arriva a Roma per un paio di giorni. E allora noi ce lo carichiamo in macchina e lo scorrazziamo di qua e di là: i posti da vedere sono infiniti, la bellezza è ovunque, tra le colonne dei Fori come tra i vicoli di Trastevere, nelle piazze rinascimentali e nei musei gonfi di capolavori. Ma il turista di passaggio non ha la calma necessaria per assorbire tanta bellezza, è come un assetato che per troppa foga si rovescia l'acqua in faccia e sui vestiti. Quello che desidera è portarsi via un paio di sorsate freschissime, qualcosa di sorprendente da raccontare a chi lo attende a casa. Gli piace piú il buco della serratura all'Aventino da dove s'inquadra la cupola di San Pietro che la cupola stessa, vista da vicino.

E allora, se volete regalare un sussulto all'amico, portatelo alla chiesa di Sant'Ignazio di Loyola. Già la piazzetta rococò è assai curiosa, impostata dall'architetto Raguzzini come un teatrino: ma al nostro amico non basta, è passato distrattamente in troppe piazze. E allora spingiamolo all'interno della chiesa disegnata dal matematico gesuita Orazio Grassi e affrescata nella volta da un altro gesuita, padre Pozzo. Blocchiamolo, come per caso, al centro della navata e invitiamolo ad alzare gli occhi verso la cupola.

«Embè? – lui dirà. – Una cupola come tante, con tutte le colonne e le curve al loro posto, con la luce che cala dall'alto», come se al paesello suo ce ne fosse una in ogni bar.

A questo punto noi gli daremmo anche un cazzotto in testa, ma ci tratteniamo perché vogliamo godere della rivelazione che sta per avvenire. Con una manata lo spingiamo un po' piú avanti: «E guarda meglio, – gli diciamo. – Cammina dritto e tieni gli occhi fissi sulla cupola». E d'improvviso vediamo lo sguardo che gli s'illumina, la bocca che gli si apre per la meraviglia.

«Ma la cupola non c'è, è solo un'immensa tela dipinta!» Potenza del barocco romano, inganno sublime, grandiosa truffa prospettica. La cupola non c'è, è un quadro gigantesco sospeso a 34 metri d'altezza. L'amico batte le mani dalla felicità, e noi siamo orgogliosi, come se avessimo lavorato tutta la notte, per il suo stupore.

Ora che inizia primavera è bello stare all'aria aperta, con la camicia smossa dal vento fresco di ogni nuovo cominciamento e gli occhi che si riempiono di vita. È bello sedersi al sole di marzo sulle gradinate di uno stadio di calcio per osservare la giovinezza di due squadre che si contendono la vittoria: ma non saranno le gradinate dell'Olimpico a ospitarci, là c'è troppo furore, e noi invece abbiamo solo voglia di ammirare i colori accesi di magliette sconosciute, l'innocenza di un gioco gratuito, la gioia e la malinconia di un gol che nessuna televisione riprenderà. Saliamo sulle tribunette di cemento armato quando la partita è già a metà del primo tempo, e ce ne andiamo quando ancora mancano venti minuti alla fine. Siamo lí un po' per caso, perché passavamo accanto a quel campo e le grida e le rincorse ci hanno invitato a fermarci.

È bello perdere un'ora cosí, ad esempio al campo XXV Aprile di Pietralata. È un campo leggendario, questo, l'orgoglio di tutto un quartiere dove si respira ancora un refolo di anni Sessanta e Settanta. Qui giocava la mitica Alba Rossa, squadra che ha segnato un'epoca del calcio dilettantistico romano. Era l'emanazione sportiva della vicina sezione del Partito Comunista, e anche Pasolini ogni tanto veniva ad ammirarla. «Altri tempi, – mi dice un vecchio militante, – ora il mondo è cambiato, la squadra non c'è piú e non c'è piú neanche il partito... Qui eravamo tutti tifosi di Ingrao e della nostra bella squadretta, eravamo tutti giovani e compagni, la Casa del Popolo e gli spalti erano sempre affollati. Ora siamo vecchi e ci sembra di non capire piú niente...» La società sportiva adesso si chiama Suditalia e ha formazioni in ogni campionato, dai pulcini agli adulti, calciatori con i capelli a zero o gonfi di gel che forse non sanno piú nulla di quel fiero passato.

Però è sempre bello stare qui a seguire una partita, e poi non seguirla piú, guardare il pallone che vola via verso caseggiati popolari, verso terrazzini decorati da panni stesi e parabole satellitari, e poi cade tra le pozzanghere di un borgo dove qualcuno ha ancora voglia di offrirti un caffè e raccontarti di quella volta che Pier Paolo...

Andar per targhe è come andar per funghi: bisogna mantenersi in una disattenzione attenta, in una passività ricettiva, passeggiare e guardare, senza pretendere nulla, lasciando che le cose si facciano scoprire quasi per caso. E cosí, sulla facciata ombrosa di un palazzo di via del Babbuino, troviamo una targa che racconta di un soggiorno di Wagner, e in via Condotti ne scoviamo un'altra che ricorda il passaggio di Leopardi, e in via Tevere un'altra ancora che orgogliosamente segnala come proprio in quell'edificio nacque Michael Collins, uno dei tre astronauti della prima spedizione sulla luna.

Sono centinaia, forse migliaia, le targhe appese ai muri della nostra città, ed è sempre emozionante leggere quei nomi di uomini illustri, immaginare Stendhal o Goethe o Torquato Tasso mentre escono da quel preciso portone con i pensieri rivolti alle opere che occupavano la loro fantasia o anche soltanto alla cena che li aspettava.

Bellissima è la targa che sta sulla facciata dell'*Albergo del Sole*, un tempo *Locanda del Montone*, dove sono riportati alcuni versi dell'Ariosto: «Indi col seno e con la falda piena | di speme, ma di pioggia molle e brutto, | la notte andai sin al Montone a cena».

È sacrosanto rendere omaggio ai giganti dell'arte e della storia, ma sarebbe bello anche leggere, magari su qualche modesto palazzo di periferia, un ricordo di persone semplici e nobili. Che so: «Qui visse il sor Giovanni, uomo gentile e barbiere bravo come pochi, vero maestro delle forbici e del pettine, che seppe spazzolare via tanti pensieri brutti dalla testa del mondo». Oppure: «Qui abitò per cinquant'anni la signora Maria, maestra elementare, che con pazienza e amore avviò alla vita migliaia di pulcini, come una grande chioccia». Purtroppo il mondo corre e dimentica, e solo a chi fu importante si concede una targa, che il tempo e l'incuria presto anneriscono. La mia preferita, comunque, sta a piazza della Madonna di Loreto, sul fianco del palazzo delle Assicurazioni Generali: «Qui era la casa consacrata dalla dimora e dalla morte del divino Michelangelo». Lui non c'è piú e non c'è piú neanche la casa: ma ci siamo noi, chissà per quanto, a trattenere un'emozione.

Gli animali non hanno nazionalità né passaporto, sono del mondo, della natura, della vita: forse l'unica eccezione vale per i gatti, che sono di Roma. Quando ne vediamo uno, accoccolato al sole su una rovina classica o sul cofano calduccio di una macchina, cosí indolente, ma pronto a reagire, cosí distaccato, ma attento a tutto ciò che ha intorno, non possiamo non considerarlo un perfetto abitante della nostra città.

A Roma c'è persino via della Gatta, tra piazza del Collegio Romano e via del Plebiscito: il nome deriva da una statua di marmo di una micia, ora arrampicata sul cornicione del primo piano di palazzo Grazioli. In quella zona, tanto tempo fa, si estendeva il tempio di Iside e Serapide, divinità egizie che, grazie alla nostra porosa capacità di assorbire e trasformare tutto, erano state accolte cordialmente accanto agli dèi del Pantheon.

L'immenso tempio era stato costruito dai triumviri nel 43 a. C. ed era pieno di piccoli obelischi, di statue di coccodrilli e di cani, di gatti e persino di scimmie, tant'è che anche il nome di Santo Stefano del Cacco, chiesetta della zona, discende da una di quelle sculture, un buffo macaco che ora è finito nei musei Vaticani. Durante l'impero di Augusto e di Tiberio il tempio cadde in rovina, poi fu recuperato da Caligola, che amava gli sfarzi orientaleggianti, e infine fu distrutto da un incendio nell'80 d. C.

Insomma, si sa com'è la Storia, esalta e brucia, accumula e poi smembra, in una ruota perenne. E gira che ti rigira la nostra bella gattina è salita su quello spigolo e osserva dall'alto, con saggezza e indifferenza, le cose che arrivano e dopo un poco se ne vanno via. Un'antica leggenda narra che il punto preciso in cui cade il suo sguardo nasconde un tesoro strepitoso: ma qual è il punto preciso non lo ha ancora scoperto nessuno, forse perché i gatti hanno pupille che guardano l'Altrove.

Ora che palazzo Grazioli è diventato la sede di Forza Italia, nonché l'abitazione del Presidente del Consiglio, speriamo di non scoprire una mattina che sul cornicione, al posto della nostra adoratissima micetta, protettrice di tutti i randagi di Roma, luccica un dorato e milanesissimo Telegatto.

«È mestiere del vento alzare vele | ma noi possiamo scegliere il colore», scrive Silvia Bre in una sua bella poesia, e questi versi mi sono tornati in mente mentre passavo per Tor Tre Teste, perché tra i palazzi nuovi e un po' anonimi d'improvviso m'è apparsa la grande chiesa progettata da Richard Meier. Il primo sguardo mozza il fiato, senza ancora capire di cosa si tratti il cuore sobbalza per la meraviglia. È come se un immenso veliero avesse smarrito la sua rotta oceanica e ora stesse traversando la nostra città: tre vele maestose, candide e arcuate, colme di un vento invisibile, sospingono la nostra fantasia verso isole lontane, verso quelle avventure di pirati e corsari che abbiamo tanto amato da bambini. Sono vele e sono anche onde gigantesche d'un mare in burrasca, impennate fino al cielo azzurro di Roma. Andare loro accanto, stare sotto a quelle curve impossibili, fa quasi paura, sembra che tutto debba venir giú di schianto da un momento all'altro, in un boato di schizzi e marosi, in un naufragio terribile. E invece le tre vele stanno ben salde, ferme e sicure nell'uragano della nostra immaginazione come nel soffio del ponentino, perché la loro anima è di cemento armato e il loro compito è di comporre una chiesa nuova, Dives in Misericordia. Si sa come sono le moderne chiese di periferia: obbrobri offensivi, accrocchi di linee e materiali messi insieme alla rinfusa da qualche geometra pazzo che ha avuto il permesso di fare ciò che vuole. Stavolta, però, è tutta un'altra storia: queste tre vele sono cosí astratte e inverosimili, cosí maestose da permetterci di sognare a occhi aperti. «Le vele bianche ci condurranno verso un mondo nuovo», ha scritto Richard Meier nella presentazione del progetto. Forse non sarà vero, perché il vento soffia dove vuole: ma delle vele noi possiamo scegliere il colore, «il loro verso, la gioia di resistere e che muove...»

Andare di slancio oltre le difficoltà, scavalcare con intelligenza un impedimento, ma anche unire mondi lontani, creare accordi e amicizie: quanta potenza simbolica c'è in ogni ponte del mondo, e quanti ponti straordinari ha la nostra città! A volte allunghiamo la strada solo per passare sul nostro preferito, perché per un attimo ci sentiamo meglio osservando il fiume e il mondo proprio da lí. Ad esempio a me piace ponte Pietro Nenni, quello della metropolitana, mi piace che i convogli mi sferraglino accanto mentre guardo i placidi barconi sul Tevere. E naturalmente amo ponte Milvio, il grande vecchio, e quello di Castel Sant'Angelo, cosí pieno di ali che sembra possa volare via, e lo scoliotico ponte Sisto e persino ponte Palatino, chiamato il ponte inglese perché il traffico vi scorre sopra controsenso.

Ma vi vorrei accompagnare su un ponticello che si trova sull'antico tracciato della Nomentana e che in pochi passi scavalca il rigagnolo dell'Aniene: non tutti i romani lo conoscono, ed è un peccato, perché è solenne e romantico come una stampa ingiallita. Oggi io gli assegno il primato tra i ponti di Roma, e gli altri non se ne abbiano a male. Macchine e vespette fino a poco tempo fa lo pestavano con noncuranza, pareva un rudere destinato a sgretolarsi, ma ora è stato restaurato perfettamente e una catenella impedisce la furia dei motori. La storia lo ha distrutto e ricostruito mille volte: in un tempo mitico fu traversato dalle mandrie transumanti care a Ercole, poi abbattuto da Totila, re dei Goti, e risollevato da Giustiniano, corretto da Adriano I nel 772 e molti secoli dopo da Niccolò V, e in seguito venne danneggiato dai francesi per rallentare le incursioni dei garibaldini e di nuovo rialzato. Ognuno gli ha tolto e gli ha aggiunto qualcosa, come un castello di sabbia che l'onda corrode e la mano rinforza, in una gara infinita. Ora somiglia a un salone pieno di finestre e di vento, e al corridoio di una fortezza, e agli spalti di un maniero da luna park. Sta teso tra un grande prato verde e un gruppetto desolato di vecchi tossici che tirano a campare sulla riva della vita, mentre sotto l'Aniene schiuma, saluta, dimentica.

Ma com'è fatto il centro del mondo, dove si trova, e soprattutto il nostro mondo ha davvero un centro? Gli antichi greci lo chiamavano *omphalos*, cioè ombelico, ed erano fermamente convinti che fosse a Delfi, nel tempio del dio Apollo; per Omero, invece, era la piccola isola di Ogigia; per gli ebrei il centro di tutto è la pietra dell'Arca dell'Alleanza, nel tempio di Gerusalemme; per gli indiani è l'albero di Bodh Gaya, sotto il quale Buddha giunse all'illuminazione. Gli abitanti di Foligno, gente spiritosa, sostengono da sempre che il cuore dell'universo è il birillo centrale del biliardo centrale del bar centrale della loro cittadina. Insomma, ogni popolo ha la sua convinzione precisa su dove si trovi il mozzo fisso intorno al quale ruotano gli infiniti raggi dell'esistenza: per ognuno quel punto magico è comunque sempre nei pressi di casa, è un'autorità familiare che protegge e rassicura.

Anche noi romani avevamo una mezza idea al riguardo, e

però quasi ci vergognavamo a confessarla per quanto era prosaica e infantile. Tutti noi sapevamo bene che il centro del mondo non era certo l'altare di San Pietro, o la pietra imperiale del Colosseo, e nemmeno l'obelisco di piazza del Popolo o l'acqua universale della fontana dei Fiumi di piazza Navona. Era molto di meno, all'apparenza non era quasi niente, nessuno studioso di cosmologia ha mai fatto caso a quello che noi sapevamo essere l'ombelico del cosmo, e cosí restavamo zitti, ma ci bastava un'occhiata per intenderci. Noi romani siamo sempre stati abbastanza sicuri su dove si trovasse il luogo preciso in cui Dio ha piazzato la punta del suo compasso per disegnare il mondo. Coraggio, confessiamo senza arrossire. Quel punto era la minima piattaforma di cemento armato su cui saliva il pizzardone per dirigere il traffico a piazza Venezia. L'uomo in divisa, simbolo poverissimo di ogni arcano potere, da lassú faceva i suoi gesti strani, provava a mettere ordine nel caos e in cambio si beccava improperi e bestemmie. Però eravamo contenti di sapere che nel mondo dove tutto si muove e muta c'era un punto immobile, eterno. Ora che un martello pneumatico l'ha fatto a pezzi, ci sentiamo piú smarriti.

Con la dinamite, la nitroglicerina o il tritolo, oppure con le ruspe o forse con la palla d'acciaio: come sarà sarà, io prometto che mi cercherò un posto in prima fila, magari in seconda per mantenermi un po' piú al sicuro, e mi godrò lo spettacolo della sopraelevata che viene giú di schianto. Da anni si parla di distruggere quel budello di cemento armato che lambisce le finestre dei palazzi a San Lorenzo; scritte bellicose tracciate con la vernice nera sui piloni inneggiano all'abbattimento del mostro e credo che ormai ci sia un progetto serio per sostituirlo con un percorso piú garbato e pulito. Ripeto, io applaudirò al boato che farà giustizia, stringerò la mano che avrà premuto la leva, brinderò con gli abitanti del quartiere finalmente liberati da quell'obbrobrio, però... Però, e perdonate l'egoismo, devo ammettere che in certe notti d'estate passare là sopra con la Vespa è bellissimo: chiedo sinceramente scusa a chi maledice ogni ora il rombo delle automobili che gli sfiorano il davanzale, a chi è costretto a respirare in camera da letto i gas di scarico, però salire lassú quando la notte è stellata e il traffico è quasi svanito è un'esperienza magnifica. Imboccando la rampa della sopraelevata dal lato del Verano, di colpo si è proiettati nel cielo, come la donna cannone cantata da De Gregori, e da lassú la città appare come una valle trapunta di luci e bellezze: in un baleno ammiriamo le statue immense posate in cima alla facciata di San Giovanni, lo strano campanile veneziano di San Lorenzo, il parallelepipedo celestino dell'ex Pantanella, Porta Maggiore, le curve lontane dei Castelli. E sotto brillano il grande scalo merci e la ferrovia che porta ai treni a Termini: sembra un gigantesco plastico inventato da un bambino solitario che passa il suo tempo azionando scambi e passaggi a livello, aggiungendo casette a ogni compleanno.

Quel volo dura un minuto appena, ma è un'esperienza che allarga lo sguardo e il cuore. La città dorme, noi siamo un po' ubriachi per una birra in piú bevuta con gli amici, l'aria accarezza il viso e i pensieri diventano leggeri. Poi la discesa ci riporta bruscamente a terra, nelle strade strette della vita.

«Che ce l'ha il Codini-Mazzanti-Rossi-Valdramini, terzo volume, secondo tomo, per i professionali chimici, però l'edizione nuova, copertina rossa e foto di una bellona con il camice e le provette in mano, mi raccomando, non quello di quattro anni fa, con la copertina azzurra e il fungo atomico, ce l'ha? Mi dica che ce l'ha, la prego... E il Mereghini-Meregoni-Merenda, grammatica grecolatina per il ginnasio sperimentale, edizioni Sapiens, a quanto me lo mette?» È una bolgia di mamme e studenti, tutti con le mani tese a porgere foglietti, a domandare, a contrattare. Siamo sul Lungotevere tra piazza del Fante e viale Mazzini, là dove ogni anno, verso i primi di settembre, emerge l'isola dei libri scolastici usati, una fettuccia schiumante che rimane a galla un paio di mesi e poi scompare nel nulla, come l'isola Ferdinandea che si affacciò nel mare davanti alla Campania e presto venne riassorbita dalle onde. Una sterminata fila di camion si distende lungo il marciapiede, e dentro ogni camion sono stipati a forza migliaia di volumi per le scuole: omini agilissimi zompettano tra la strada e quelle caverne a quattro ruote, raccolgono le richieste, scompaiono nella penombra e tornano fuori con le prede in mano o scuotendo la testa. Se il libro non c'è comunque rassicurano i clienti in trepida attesa: «Lo rimedio, nun se preoccupi signora, il Frattazzi-Lupi-Ruberti jelo rimedio senz'altro, torni domani o tra due settimane...»

Sono finiti i tempi in cui i libri erano sempre quelli, il Sapegno, il Lamanna, copie unte e bisunte, sottolineate da cento mani diverse, fogli scompaginati che si tramandavano da un fratello all'altro, al nipote, all'amico piú giovane, in una continuità tranquillizzante. Ora i testi cambiano ogni anno, si moltiplicano, rinnovano inspiegabilmente la veste grafica, contendendosi a gomitate spicchi di mercato. E cosí il Lungotevere diventa la biblioteca di Babele, luogo di febbrile impazienza, dove rincorrere a fatica e al minor prezzo possibile un sapere sempre piú confuso. In qualche modo questo pezzo di strada è un simbolo della nostra epoca, in cui le parole si accavallano e si ostacolano, in cui non si capisce piú niente.

Guardando *I protagonisti*, un film di Robert Altman di qualche anno fa ambientato nel mondo del cinema di Los Angeles, rimasi colpito da una scena che si svolgeva in un ristorante alla moda: il cameriere porgeva la lista delle acque minerali ai commensali, i quali sceglievano con grande cura il tipo che meglio si legava al cibo e ai loro gusti. L'acqua, questo bene di tutti che tragicamente scarseggia in tante parti del mondo, compreso il nostro Mezzogiorno, l'acqua che disseta e rinfranca, l'acqua che Talete individuò come la madre di ogni cosa, diventava un bene di lusso quanto un vino francese, un fatto da intenditori, una sciccheria. Rimasi quasi scandalizzato, pensavo che una cosa del genere da noi non sarebbe mai potuta accadere, e mi sbagliavo.

Anche in Italia, ormai, si pasteggia con costose acque minerali, e sempre piú spesso si sente dire che quella è un po' troppo acidula e quell'altra ha un retrogusto amarognolo. Le ditte produttrici moltiplicano la pubblicità per conquistare il mercato e noi, figli di un oscuro benessere, siamo sempre piú viziati ed esigenti. Allora vi voglio proporre un'isola d'acqua purissima ed economica, una sorgente che sgorga libera in mezzo alla città. Andate in via Passo del Furlo, a Montesacro: è una stradina incuneata tra alti pini romani e ombrose villette. Al numero 57 si apre il cortile degli assetati: là c'è la fonte dell'Acqua Sacra, una gioia liquida che si moltiplica in decine e decine di cannelle. Il pozzo di captazione fu scavato nel 1911 e da allora un'acqua naturalmente effervescente, diuretica e gustosa, ha riempito bottiglie e taniche di migliaia di romani. Per soli otto centesimi possiamo prenderne un litro, e per qualche monetina in piú un'intera damigiana: ma forse la prima volta ci basterà accostare la bocca a una cannella, lasciando che la freschezza ci precipiti nella gola, che ci schizzi un poco il mento e la camicia, e che per un momento lavi via i pensieri peggiori. Beviamo una sorsata con riconoscenza, mentre nella mente ci tornano i bellissimi versi di Francesco, «Laudato si' mi' Signore per sor'aqua, | la quale è multo utile et humile et pretiosa et casta...»

«Avevamo studiato per l'aldilà | un fischio, un segno di riconoscimento», scriveva Eugenio Montale in una tenera poesia dedicata alla moglie morta.

Forse anche noi romani potremmo fin da adesso metterci d'accordo sulla parola d'ordine che ci permetta di riconoscerci quando saremo nei Campi Elisi, all'inferno, nell'empireo, nel nulla, in quello che comunque sarà il nostro albergo eterno. Ci vorrebbe un motto inequivocabile, che ci faccia subito riconoscere come antichi abitanti della capitale. Credo che la lista dei sette re di Roma o qualche formazione campione d'Italia non basterebbero: ci potrebbe sempre essere un milanese saputello capace di recitare perfettamente quella litania di nomi. Ancora meno funzionerebbe un piatto tipico, ormai la cucina si è internazionalizzata. Ci vuole qualcosa di squisitamente nostro, notissimo a chi ha vissuto all'ombra del cupolone e del tutto sconosciuto agli altri. Io vi propongo il motto «Gentilini Osvego», che ve ne pare? Solo noi romani abbiamo fatto colazione per anni inzuppando nel caffellatte quei biscotti straordinari, compatendo chi si puniva con i cornflakes o le uova al bacon. E già che ci siamo, prima che la signora con la falce venga a recidere i nostri steli, andiamo a dare un'occhiata alla fabbrica dei Gentilini, vero orgoglio capitolino. Fino al 1957 questi sublimi biscotti venivano prodotti da un forno in via Alessandria, poi il lavoro è aumentato, le richieste si sono moltiplicate, e cosí l'azienda si è dovuta espandere e trasferire in via Affile, sulla Tiburtina, appena dopo il Raccordo. Se arrivate col buio da quelle parti, vedrete la grande insegna luminosa con il nome della ditta e il mitico trenino fatto di biscotti che corre inarrestabile verso l'allegria della prima colazione. Se avremo voglia di farci cremare, forse la nostra urna cineraria potrebbe essere la celebre scatola di latta, simbolo perenne di qualità e dolcezza. E se nell'aldilà dovessimo incontrare Marcel Proust, che riesumava il tempo andato assaporando le *madeleines*, forse potremo abbracciarlo e dirgli: «A Marce', nun sai che te sei perso, nun sai quant'erano piú buoni i Gentilini Osvego...»

Certe isole se ne stanno zitte zitte incapsulate dentro la distrazione della città, racchiuse in un guscio che si guardano bene dal rompere. Forse ogni tanto potrebbero alzare una bandiera per farsi notare, sparare in cielo un razzo di riconoscimento, pubblicare un dépliant a colori che le pubblicizzi, ma istintivamente sanno che non conviene. Preferiscono far finta di niente, lasciare che il mondo scorra indifferente accanto a loro. E a me talvolta quasi dispiace segnalarle, perché mi sembra di fare un torto a tanta riservatezza.

Un caso emblematico è quello del borghetto di via Prato Falcone, un posto davvero fuori dal comune, anche se sta ben dentro al nostro Comune. È un pugno di case degli anni Venti che si trova sul Lungotevere, un po' sotto il livello stradale, poco prima dell'incrocio con viale Angelico. Le macchine avvolgono ciecamente questo paesetto antico e placido, lo circondano come in un assedio, la domenica strombazzano per le vittorie della Roma o della Lazio, eppure quasi nessuno dei guidatori sa che potrebbe parcheggiare la sua arroventata vettura e uscire almeno per cinque minuti dal caos della città. Peccato, perché è davvero una gioia fischiettare per le viuzze di questo miracoloso quartierino. Molti di quelli che ci abitano sono nati proprio qui, e poi magari sono emigrati altrove, in altre città o in altri luoghi di Roma: ma presto la nostalgia li ha presi e sono tornati, hanno restaurato le case, sistemato portoni e cortili, e ora assaporano in pace la semplice bellezza del posto. Cani e bambini girano sereni per le stradine, senza la paura d'essere investiti, e c'è persino una zona che sa ancora di campagna, un ettaro verde e selvaggio dove l'occhio spazia e l'aria si purifica. Qui le facce della gente sembrano diverse da quelle degli altri romani, i sorrisi si aprono facilmente ed è possibile fare due chiacchiere come accade nei paesi dove le ore hanno un passo piú lento. In tre minuti si arriva in piazza del Popolo, ma forse, se abitassi qui, ci andrei molto di rado, preferirei comprarmi una sediolina e godermi la bianca tranquillità del giorno, la luce arrossata del tramonto.

«Il contrasto tra la vita e la morte ha un ruolo di primo piano nell'iconografia barocca, e una delle innovazioni piú tipiche del periodo è quella che potremmo definire la morte beata...», cosí scriveva Erwin Panofsky, uno dei massimi studiosi dell'arte del Seicento. E ora che abbiamo incamerato questa colta citazione, andiamocene tranquillamente a zonzo alla ricerca di un esempio dell'equilibrio barocco tra stirare le zampe e adorare profondamente la vita. A volte questi due aspetti s'incrociano nella dimensione dell'estasi mistica, che annulla l'individuo proiettandolo in una sfera piú elevata, dove la vita diviene puro abbandono al volere divino. Potremmo allora piegare i nostri passi verso la chiesa di Santa Maria della Vittoria e mescolarci ai gruppponi di turisti che allungano il collo per dare almeno un'occhiata all'*Estasi di Santa Teresa*, capolavoro sommo del Bernini. Ma noi vogliamo qualcosa di meno noto, di piú sfizioso. Non ci piace ascoltare una guida tedesca o spagnola che fa la sua lezioncina a cinquanta poveracci massacrati da una tre giorni di chiese e musei.

E allora andiamocene ad ammirare un'altra scultura che contiene in sé vita e morte e che se ne sta piú appartata, fuori dalle ronde turistiche. Il nostro obiettivo è la beata Ludovica Albertoni, che da piú di tre secoli muore e gode in una cappelletta di San Francesco a Ripa. Anche questa è un'opera del Bernini, l'ultima prima che il maestro se ne andasse a scolpire le nuvole del cielo. La beata Albertoni, dama romana che aveva acquistato meriti curando i feriti dopo il sacco di Roma del 1527, sta esalando il suo ultimo respiro: la veste è aggrovigliata dall'agonia e dal piacere barocco di complicare le cose, gli occhi sono già chiusi, le mani strette al seno in un orgasmo celeste. Bernini arretrò la parete di fondo affinché una finestrella potesse far piovere i raggi del sole su questa morte sublime, e cosí una luce radente esalta in modo teatrale gli spasimi finali. Si rimane a bocca aperta davanti a quel nodo beato di vita e di morte, come davanti alla recita di una grande attrice che tra poco si alzerà per raccogliere applausi e fiori.

Anche se non è novembre, il mese bruno dei morti, il mese in cui i fiori sono crisantemi e i pensieri se ne vanno a testa bassa verso chi non c'è piú, rechiamoci al Verano - parola che in spagnolo significa estate: che bel paradosso romano! - a fare visita ai nostri defunti e anche a tutti quelli che non abbiamo mai conosciuto, ma che ci guardano malinconici dalle fotografie incastonate nelle tombe. Salendo verso il cosiddetto Pincetto, la zona piú antica del cimitero, incrociamo tante storie e tanti volti racchiusi in quelle fredde pagine di pietra e marmo. «Reciso da un infortunio sul lavoro», «strappato all'amore da un morbo crudele», «disperso con il sommergibile», «ucciso in un bombardamento», ogni morte contiene la vita intera di persone che si chiamavano Americo, Zenocrate, Scipione, Ildebrando, nomi di un tempo che è polvere. Alcuni trattengono penosamente il titolo con cui forse li appellava il barbiere o il giornalaio sotto casa: commendatore, cavaliere, funzionario dell'amministrazione delle poste regie, come se quei poveri segni di distinzione sociale potessero proteggerli ancora, là dove stanno... E su ognuno di loro gravano quegli aggettivi pesanti che dovrebbero garantire di una vita tutta trascorsa nel bene: pio e sobrio, industrioso e solerte, e anche lunghe frasi in latino dove spuntano termini come *sapienter*, *strenuus*, *magnificentissimus*. Ma la tomba piú bella di tutte, quella che sembra proprio l'ultima pagina di un commovente romanzo d'appendice, se ne sta abbandonata sotto un grande cipresso. È l'ultimo domicilio conosciuto di Stella Bonheur, nata a New York e morta a Fiano Romano nel 1901, ed è uno strano sarcofago, mezzo egizio e mezzo cristiano, decorato dai pavoni dell'immortalità e dagli agnelli della fede, impreziosito da una striscia di tessere dorate ormai quasi sbiadite.

Chissà chi era Stella Bonheur, una ballerina, una cocotte,

un'attrice di belle speranze? Chissà quali vicende l'hanno portata da New York fino a qui. Su un lato della tomba c'è un semplice e dolcissimo epitaffio: «Sia il tuo sonno eterno un lungo sogno d'amore». Speriamo sia davvero cosí, per te e per tutti, Stella Bonheur.

Si sa com'è Londra per noi: una città impossibile da frequentare se non si ha il portafoglio straboccante di sterline. Una cena costa un occhio della testa, per un caffè servono piú o meno tre euro, per un cinema quattordici e cosí via. I voli aerei sono economici, le compagnie fanno a gara ad abbassare i prezzi, ma una volta atterrati comincia il massacro. E poi c'è l'annoso problema della lingua: fin da piccoli abbiamo studiato la grammatica inglese da capo a fondo e tradotto le loro canzoni piú belle, ormai riusciamo a comporre alcune frasette come si deve, ma quando ci troviamo davanti a un londinese che parla speditamente non capiamo piú nulla e ci assale la frustrazione. Che inventarsi, allora, se d'improvviso ci viene voglia di fare quattro passi per le vie di quella città che oggi è il centro della musica, del teatro, della letteratura e di tante altre cose? Vi propongo un ripiego modesto ma simpatico. Tesa tra via Flaminia e via del Vignola c'è una stradina che i romani chiamano Little London. Due grandi cancelli impediscono il flusso delle macchine, ma a piedi si può passare tranquillamente e snap! in un attimo siamo in una traversa di Sloane Street o di Belgrave Square, e Roma è un ricordo lontano. Non so come sia stato possibile questo miracolo, è come se un meteorite si fosse staccato dal pianeta Londra per volare libero nello spazio e conficcarsi all'interno della nostra città. Le case sono basse e hanno tutte le classiche scale di pietra che salgono fino ai portoncini di legno, le recinzioni hanno punte dorate, le buche delle lettere sono vezzose riproduzioni delle loro sorelle d'oltremanica, sembra addirittura che il cielo sia meno azzurro che sul Lungotevere, che una leggera nebbiolina avvolga l'intera strada. Restiamo sbalorditi, balbettiamo *beautiful* e *very well*, e ritorniamo muti ad ammirare quei cento metri di pura Inghilterra. Sul marciapiede cammina un gentiluomo, potrebbe essere Paolo Meccarti o Ringo Stella, o forse il dottor Gechi che si sta trasformando nel signor Aidi, o Giacomo lo Sbudellatore, e allora scappiamo da quel misterioso sogno inglese, via di corsa, per rientrare nella nostra sicura caciara romana!

Perentoriamente i dati affermano che in Italia nascono sempre meno bambini, uno virgola ventisei per ogni donna (e per quel povero resto umano abbandonato oltre la virgola noi ignoranti di statistica non possiamo che temere): eppure ho l'impressione che per le strade si vedano piú pancioni, e cosí dedico a loro quest'isola. Le future madri, dopo essere state dal ginecologo, dopo l'inevitabile corso di preparazione al parto e la sana piscina, potrebbero fare una capatina alla chiesa di Sant'Agostino in Campo Marzio. Proprio accanto all'ingresso c'è la *Madonna del Sasso*, ribattezzata a furor di popolo *Madonna del Parto*: è una bella scultura di Jacopo Sansovino, da secoli meta di tante donne romane in lieta attesa. Il piede sinistro della Vergine è stato talmente sfregato dalle mani devote che ora è ricoperto da una sorta di ghetta di metallo. Lo so, siamo tutti laici, scientifici, razionalisti, ma una gentile richiesta di protezione divina non costa nulla e male di certo non può fare. E non è finita qui: poco piú in là c'è un'altra meravigliosa Ragazza con il suo Bambinone stretto tra le braccia. Si tratta della *Madonna dei Pellegrini* di Caravaggio che dalla soglia di casa rivolge uno sguardo amoroso a due poveri inginocchiati. Ma non è tutto: la chiesa di Sant'Agostino pare un reparto celeste di ostetricia, e cosí poco piú avanti troviamo una terza bellissima *Madonna con Figlio*. Al centro di un pilastro campeggia un gruppo marmoreo scolpito da un altro Sansovino, Andrea: con la Madre e il Bambino stavolta c'è anche la nonna, la saggia e premurosa sant'Anna. Si narra che davanti alla statua i poeti del Rinascimento deponessero i loro componimenti, forse perché anche la poesia è un parto puro e complesso, creazione divina e umanissima. Insomma, le donne gravide possono accendere una candelina beneaugurante dove meglio credono, c'è solo l'imbarazzo della scelta. E anche gli uomini, un po' annoiati, possono imparare qualcosa, magari ammirando il grande profeta Isaia dipinto da Raffaello; è un fascio di muscoli, un atleta dello spirito, e pare che dica: «Preparatevi a essere padri, serviranno forza e coraggio».

Ci sono scale che salgono in cielo e altre che discendono nelle cantine piú buie, scale a chiocciola che tortuosamente si avvitano verso ariose terrazze e scale di ferro che calano nelle fogne, ci sono scale servite e scale mancate, scale reali e scalette da pollaio, severe scale da biblioteca e vacillanti scale di corda su cui volteggiano i trapezisti. Ognuna è ciò che è e ciò che sembra: un simbolo delle sorti umane, sospese tra la salita e la discesa, tra la fortuna e la sconfitta.

A Montesacro, tra viale Tirreno e via Tremiti, c'è una scalinata di novantanove gradini che è diventata l'emblema delle altalenanti vicende calcistiche della nostra città. Quando la Roma di Falcao e Conti vinse lo scudetto, nel 1983, alcuni entusiasti tifosi dipinsero i profili dei gradini di giallo e di rosso, e in mezzo a quell'ascesa di travertino colorarono un grande scudetto. Gli anni passarono, i successi impallidirono e sotto il sole delle speranze e la pioggia delle delusioni impallidí anche quel trionfo di colori. Nel 2000 fu la Lazio di Mancini e Nesta a primeggiare: e allora, nella prima notte dell'apoteosi, furono i tifosi della squadra di Erickson ad avvolgere la scalinata di bianco e di azzurro. Da sopra non si notava nulla, ma da sotto la scala appariva come una grande bandiera vittoriosa. Oggi a te e domani a me, e cosí l'anno dopo fu la Roma di Capello e Batistuta ad avere la meglio su tutte le altre rivali. La scalinata non poteva certo rimanere un trofeo laziale, bastarono poche ore e molti pennelli a trasformarla nuovamente in un tripudio giallorosso, con tanto di data di fondazione della squadra, un immenso 1927. E per adesso è ancora cosí, anche se qualche burlone ha aggiunto scritte ingiuriose nei confronti del Pupone Totti e qualche stupido fascista ha disegnato al centro dello scudetto un simbolo antipaticissimo. Può darsi che a maggio i gradini cambieranno di nuovo i colori, perché nulla è eterno a questo mondo, chi ha perso vincerà, chi ha vinto affonderà, e la scala sta lí a ricordarci che nella vita si sale e si scende, e quanto è bello giocare.

Ogni anno arriva il momento di tirare fuori dagli armadi le statuette per comporre il presepe: le bambine stirano con le unghie la carta argentata del laghetto, i bambini aiutano i genitori a piazzare luci e capanne, a srotolare il cielo stellato, e magari non tutto è piú perfettamente in scala, perché qualche pezzo negli anni si è rotto ed è stato sostituito alla bell'e meglio, e cosí ci sono pecore che paiono dinosauri e pastorelli pigmei accanto ad altri giganteschi. D'altronde anche la vita è cosí, non siamo piú gli stessi del Natale scorso, qualcuno non c'è piú e qualcun altro è arrivato, un nonno ha finito la sua storia terrena e un nipotino la comincia adesso. *Lungo pranzo di Natale*, un'opera teatrale di Thornton Wilder, raccontava proprio questo malinconico viavai.

Il presepe piú bello di Roma probabilmente è quello che si trova nella cappella Sistina della Basilica di Santa Maria Maggiore. È opera di Arnolfo di Cambio e inizialmente si trovava appena fuori dalla chiesa: papa Onorio IV l'aveva commissionato per rendere omaggio ad alcune sante reliquie, pare addirittura le assi della mangiatoia dove a Betlemme fu deposto il Bambinello. Alla fine del Cinquecento, il presepe venne inglobato nella Basilica dall'architetto Domenico Fontana. Per vederlo bisogna allungare un paio di euro a un sacrestano che ci apre un cancelletto, ci fa scendere delle scale di marmo e c'introduce in una cripta al cospetto della Sacra Famiglia. Il bue e l'asinello sporgono le loro capoccette da una nicchia: il resto dei corpi è andato perduto, ma ciò che conta è che ci siano quei musi sfiatanti calore. Giuseppe e i Re Magi sono figure un po' tozze, elementari, poetiche, sanno di medioevo e di semplicità, fanno simpatia. La Madonna originaria invece non c'è piú, si dice che se ne stesse distesa con il Bambino tra le braccia: al suo posto c'è una Madonna barocca che pare imbarazzata a stare lí, a passare il Natale in una famiglia non sua. In fondo questo Presepe è l'emblema delle nuove famiglie, fatte di gente separata, di uomini e donne che provengono da matrimoni falliti e ora ci riprovano, di bambini con molti padri e madri e una leggera angoscia.

«Ridi ridi, che mamma ha fatto i gnocchi»: cosí, ancora oggi, ci si rivolge ai bambini invasi da una gioia tanto irrefrenabile quanto incomprensibile. L'unico motivo per spiegare quella felicità potrebbe essere un bel piatto di gnocchi, ergo – come dicevano i sillogisti in vena di sofismi – gli gnocchi sono il massimo bene possibile.

Forse possediamo una delle mille guide gastronomiche che segnalano i ristoranti piú sfiziosi della città, quelli dove il mirtillo sposa la lepre e il caviale corteggia lo struzzo, però sono sicuro che su nessuna di quelle bibbie è indicata la trattoria di Domenico, in via Attilio Zuccagni Orlandini, quartiere Pigneto. Eppure è proprio da Domenico che si mangiano i piú buoni gnocchi del mondo, e scusatemi se è poco. Naturalmente il giorno deputato è il giovedí, come insegna il classico calendario della cucina romana. Bisogna perdersi un poco nei vicoli del quartiere, domandare a qualche passante che sa e non sa, imboccare un paio di vie contromano, ma alla fine si arriva davanti a un giardinetto che è un vero *hortus conclusus*, un luogo che pare magicamente separato dalle angosce della vita. Al centro del giardino cresce un albero del Paradiso, e sui dieci tavoli scalcagnati che gli stanno attorno fumano grandiose porzioni di gnocchi con il sugo delle spuntature. Gli avventori sono per lo piú operai, muratori, elettricisti, lavoratori che trascorrono la loro ora di pausa inforchettando quella bontà e bevendoci sopra mezzo litro di vino rosso. C'è un clima affettuoso, antico, cordiale: si parla da tavolo a tavolo, degli gnocchi e di tutto, si ride come bambini, perché la vita a volte è bella, se mamma ha fatto i gnocchi.

L'isola dove vi voglio portare sorge fuori dal tempo e dallo spazio, nel mare sacro della bellezza, là dove Roma incontra l'Africa e gli angeli barocchi battono i tamburi e muovono le ali al ritmo della musica. Bisogna arrivare in piazza Pasquino, magari gettare un'occhiata alla statua parlante che sotto Palazzo Braschi da tanti anni protesta contro ogni prepotenza, e poi entrare nella chiesa della Natività di Gesú. In questa chiesa costruita nel 1692 si riuniva l'Arciconfraternita degli Agonizzanti, e non devono essere stati proprio dei gran simpaticoni: proteggevano le fasce che avevano avvolto Gesú Bambino, reliquie sante e immaginarie. Inevitabilmente, nel corso dei secoli, gli Agonizzanti, fedeli alla loro vocazione, hanno tirato le cuoia e il loro posto è stato preso dalla comunità del Congo, gente infinitamente piú simpatica e vitale. Io invito tutti quanti, ferventi cattolici o incalliti bestemmiatori, ad assistere alla messa delle undici: è una cerimonia indimenticabile, metà rito e metà spettacolo, un condensato di gioia e di energia che può farci vergognare dei nostri pensieri muffi e tristanzuoli. Pare che ora stiano tornando di moda i musical, ma sono convinto che nessun musical attuale può reggere il confronto con la messa dei nostri amici congolesi. Davanti all'altare è sistemato un coro di giovani africani bellissimi, uomini e donne vestiti con lunghe palandrane colorate, accompagnati da chitarre, bonghi e pianole e diretti da un maestro con due mani grandi come palanche. Cantano e ballano per tutta la cerimonia, e i loro fratelli sparsi nei banchi della chiesa li seguono battendo le mani e dondolando al vento della fede. È come stare in mezzo a una festa di gente che non ne vuole sapere di arrendersi alla rassegnazione: l'ebbrezza pagana si mescola con il senso di solidarietà cristiano, e la musica prende prima il corpo e poi l'anima. I pochi bianchi che assistono alla messa cercano di resistere, ma presto anche loro si lasciano andare, e cantano e ballano come ragazzini un po' stonati e scomposti, ma felici. Quando si esce dalla chiesa, si rimane un po' sorpresi a ritrovare lí fuori la malinconia piovosa della domenica.

Giorni di guerra e di follia, questi, e nessuno sa quanto dureranno, quanto male produrranno: noi siamo lontani dalle esplosioni e dal dolore, ma il fumo della distruzione arriva fin qui, penetra dentro i polmoni e i pensieri, portato dal vento dell'angoscia. Questa guida vagabonda vuole indicare isole romane di bellezza e poesia: un libro, un albero, un quadro, un bar di periferia, una strada secondaria – ma a volte viene voglia di gettarci sopra un drappo nero, chiudere per lutto, rimandando a tempi migliori le semplici parole della vita. Viene voglia di farsi da parte, aspettando che passi l'acre odore della sciagura. Eppure qualcosa ci spinge a continuare, forse l'illusione che anche una piccola frase detta bene può contribuire a ristabilire un'armonia. Se è vero, come si dice, che il battito d'ali di una farfalla può scatenare un terremoto a migliaia di chilometri di distanza, forse un minuto dedicato alla bellezza può smorzare un incendio. Cosí, andiamo a visitare il cimitero acattolico di Roma, accanto alla piramide Cestia, uno dei luoghi piú sereni e commoventi della nostra città. Qui sono sepolti Keats e Shelley, i due poeti romantici inglesi che abitarono a Roma, in piazza di Spagna, e morirono giovanissimi. La tomba del primo è in un grande prato, e non porta nemmeno il suo nome, ma solo la celebre iscrizione «Here lies one whose name was writ in water», qui giace un uomo il cui nome era scritto sull'acqua.

Sulla tomba del secondo, morto affogato nel Tirreno, si leggono invece alcuni versi tratti dalla *Tempesta* di Shakespeare: «Ma nulla di lui va disperso, perché un sortilegio del mare lo va tramutando in qualcosa di ricco e di strano». Come tutti i poeti, Keats e Shelley hanno presto compreso la caducità dell'esistenza, le onde che sollevano e poi cancellano, che forse ci trasformano.

Sappiamo come va all'Onu: incomprensioni, ripicche, minacce di veto, scavalcamenti, chiacchiere al vento, e il vento diventa guerra. Quel palazzo di vetro, che dovrebbe rappresentare la limpida concordia tra i popoli, la superiorità dell'intelligenza che comprende sulla forza che sfascia, si rivela spesso uno scatolone vuoto. Peggio: una babele superba d'interessi contrastanti, di lingue che non si capiscono piú. Cosí viene voglia di ritrovare almeno un posto dove le culture piú diverse stiano una accanto all'altra nell'armonia. Un posto che, almeno simbolicamente, ci rassicuri sulla possibilità di vivere tutti insieme su questa terra, apprezzando ciò che di buono ognuno può offrire. E allora entriamo da *Castroni*, in via Cola di Rienzo. Da piú di settant'anni in questo negozio si vendono prodotti alimentari provenienti dai cento angoli del mondo. È davvero una piccola Onu del cibo, una fantasmagoria di colori e sapori ignoti, un'agorà in cui ogni paese porta la sua gustosa proposta. Crauti tedeschi, gulash ungherese, moscato di Patrasso, berberè etiopico, felafel arabo, dolci libanesi, salse messicane, involtini turchi di melanzane, cacao olandese, sciroppo d'acero canadese, riso della Thailandia e di Vercelli, storione norvegese e salmone di Scozia, mango indiano, pane azzimo di Gerusalemme, cioccolata di Berna, jerk giamaicano, wurstel viennesi, erbe di Provenza e cannella dell'Indonesia, cuscus d'Algeri, mostarda di Digione e ketchup di Chicago, vini bianchi del Cile e rossi di Francia: sembra che gioiosamente ogni nazione abbia trasportato qui dentro le sue tradizioni gastronomiche, che sono anche memoria e sapienza popolare. Tanta gente scruta gli scaffali dove il cibo è disposto con ordine: e tutti hanno le facce meravigliate di chi non si aspettava questa ricchezza. Si sa che il mondo è vario – qualcuno dice che è anche avariato – ma da *Castroni* la molteplicità si tocca con mano: e nasce il desiderio di sedersi a tutte le tavole del mondo e di brindare alla pace con uno champagne d'annata. Ma in fondo oggi andrebbe bene anche una birretta sfiatata.

A tanti romani, credo, è capitato di partecipare a qualche matrimonio celebrato nella chiesa di Santa Costanza, sulla Nomentana. Si ammira la sposa, si salutano amici e parenti, si suda impacchettati nei vestiti eleganti, si lancia una manciata di riso, e poi via, tutti in macchina verso un ristorante lontano, suonando il clacson allegramente. Della chiesa rimane un ricordo vago, in fondo era solo il contenitore di un evento gioioso: e invece è uno dei luoghi piú belli della nostra città e merita una visita silenziosa.

Non starò qui a farvi da cicerone, a raccontarvi tutte le trasformazioni di questo straordinario edificio circolare, prima mausoleo pagano, poi tempio cristiano, poi punto d'incontro di artisti olandesi un po' goliardi, e di nuovo chiesa cattolica. Voglio solo indicarvi un punto del soffitto del deambulatorio anulare, termine tecnico per definire il corridoio rotondo che avvolge la zona dell'altare. La volta è completamente ricoperta da meravigliosi mosaici dell'inizio del IV secolo, alcuni con decorazioni geometriche, altri con motivi vegetali che rimandano al tema evangelico della vigna. Ma quelli su cui appuntare lo sguardo con piú attenzione stanno a destra e a sinistra del sarcofago di Costanza. Sono del tipo detto «non spazzato», che finge i residui di un pranzo caduti a terra. È una idea grande e antica, il disordine che diventa opera d'arte, qualcosa che anticipa il jazz e l'*action painting*, le colature di Pollock e i caotici cataloghi di Alighiero Boetti. È l'universo precipitato dalla compostezza di una tavola ben apparecchiata, l'armonia che cade e si disperde sul pavimento della vita. Ci sono piatti e anfore, otri e vasellami, smarriti tra cento frasche e rametti, tra uccelli di ogni tipo, pavoni, pernici, fagiani, volati fin qui per beccare briciole e tozzi di pane. Viene da aguzzare gli occhi cercando le chiavi di casa perdute in una trattoria, e l'ombrello, e una fidanzata, e i giorni andati, tutto ciò che stava ordinato sulla nostra tovaglia e poi è caduto chissà dove. Ma forse il mondo intero giace scomposto sul pavimento non ancora spazzato, e bisogna amarlo prima che passi la Grande Scopa.

Già la scorsa primavera avevo notato il loro arrivo in città, ma non ero sicuro che ritornassero anche quest'anno, poteva essere una visita di cortesia, una gita conclusa con un addio definitivo. E invece eccoli di nuovo, ecco gli ardenti papaveri! In questo periodo li scopriamo un po' ovunque, sui bordi delle strade, nei prati spelacchiati tra i palazzi di periferia, tra le crepe dell'asfalto, a gruppi di cinque, di dieci, di cento, a punteggiare di rosso la luce. Vicino alla scuola dove insegno, a Torre Maura, c'è una collina completamente invasa dai papaveri, sembra il quadro di un impressionista, sembra un incendio.

Già John Ruskin, lo scrittore e viaggiatore inglese vissuto nell'Ottocento, aveva dedicato qualche riga poetica a questo spettacolo romano: «Ho tra le mani un piccolo papavero raccolto domenica ai Fori. È un fiore intensamente semplice, tutto seta e fuoco, un calice scarlatto tagliato alla perfezione tutt'intorno, si vede da lontano tra le erbe selvatiche come un carbone ardente caduto dall'altare del cielo. Non è possibile immaginare un fiore piú puro, nessuna esteriore volgarità, nessun segreto interiore, aperto al sole che l'ha creato e rifinito come un gioiello...» Sono solo quattro petali leggeri e durano poco o niente, come due farfalle unite dall'amore e subito sgualcite dal vento caldo, da una pioggia improvvisa, dal tempo che vola piú rapido di loro. Non chiudono misteri nel cuore scuro della corolla, stanno serenamente spalancati all'aria, tremanti, effimeri.

I greci offrivano corone di papaveri a Morfeo, dio del sonno, grande consolatore delle miserie umane, mentre gli egiziani deponevano ghirlande di papaveri accanto alle fanciulle mummificate, come augurio per una beata notte eterna. Da sempre il papavero è associato alla consolazione del sonno, forse per le sostanze che può produrre. Ma è anche simbolo di vita, acceso e fragile com'è, cosí bello e delicato. In questi giorni noi romani lo sfioriamo con gli occhi, passando veloci per le vie della città. È una felicità che non costa nulla, come le vere gioie della vita. È un piccolo regalo della primavera, una coccarda sul bavero del maggio.

Un cerchio perfetto, dove i pensieri cattivi non riescono a seguirci, un incanto capace di respingere i malumori che accompagnano le nostre giornate come dobermann ringhianti: è piazza Caprera, un atollo nascosto alle rotte dei navigatori piú ansiosi. Forse è l'isola non trovata raccontata da Gozzano e cantata da Guccini, e non a caso porta il nome dello scoglio dove Garibaldi, dopo tante peripezie, andò a riposare, a svanire lontano dal mondo.

Vi confido le coordinate, ma non troppo precise, perché chi la vuole la deve cercare, chi la cerca la deve volere: sta nascosta tra viale Gorizia e corso Trieste, tra la Nomentana e piazza Trento, nell'angolo morto dello specchietto, tra un dubbio e un'esitazione. Mi ha sempre fatto pensare a quella piazza romana di cui si favoleggiava nel *Segno del comando*, uno sceneggiato che tanti anni fa fece epoca: lí si narrava di una piazza misteriosa, di una fontana con delfini, forse vera, forse solo sognata. Bisogna arrivarci quando il giorno comincia a essere stanco, verso le sette e mezza, le otto di sera. È circondata da villini degli anni Trenta, che sono abitati eppure stranamente silenziosi, come se la gente che li popola si muovesse in punta dei piedi, per non disturbare, per non svegliarsi. Per molti decenni al centro esatto della piazza c'era un altissimo lampione che lasciava cadere nell'aria una luce fioca, parente piú del buio che del sole. Ora il lampione non c'è piú, il suo posto è stato preso da una vasca circolare dove due moderne Naiadi mostrano i loro corpi nudi e bizzarri. Il lampione dava al luogo un tocco metafisico, la fontana però aggiunge il fruscio dell'acqua che scorre e ritorna. Il punto migliore per godersi questa pace sospesa è di sicuro il baretto sotto il minuscolo porticato; ci possiamo sedere a uno dei quattro tavolini e aprire un libro di poesie: la penombra a poco a poco cancellerà le poche parole che leggeremo, mentre l'alcol di un Campari soda le mescolerà alle parole che abbiamo nella testa. Chiudiamo tranquillamente il libro, allunghiamo le gambe e i pensieri nuovi, riposiamoci. Un cane traversa la piazza, un bambino gioca con l'acqua della fontana, noi stiamo bene.

Ombra, un po' d'ombra per favore! Un luogo fresco e quieto, un angolo dove non arrivino le lance infuocate del sole, quest'oggi desideriamo. Non è domenica da passeggio, sotto i piedi il selciato brucia, tra le mani il gelato si scioglie e nella testa i pensieri colano appiccicosi. Guardiamo gli stranieri vagare sudati da un monumento all'altro, nelle solite traiettorie turistiche, pronti piú all'insolazione che a qualche felice scoperta, e viene voglia di suggerire anche a loro un posticino dove la bellezza si concili con un minimo di frescura, dove lo spirito e la carne riposino. Abbandonate il Colosseo e Fontana di Trevi, seguitemi, vi porterò in una stanza meravigliosa, davanti a capolavori che rinfrescano lo sguardo. Venite con me alla Galleria Doria Pamphilj, in piazza del Collegio Romano. Già il ritratto d'Innocenzo X dipinto dal Velasquez mette brividi nella schiena: lo sguardo fermo e obliquo del pontefice è una lama gelata che penetra in profondità, è la rappresentazione perfetta di un potere severo e aguzzo cui nulla sfugge. Quel papa sontuoso e accigliato ci scruta, sembra quasi che ancora giudichi i nostri vestiti e i nostri comportamenti sconvenienti.

Ma oggi abbiamo bisogno anche di consolazione. Entriamo nella saletta dove sono esposte due opere giovanili di Caravaggio: il *Riposo durante la fuga in Egitto* e la *Maddalena penitente*. I due quadri stanno uno accanto all'altro e hanno qualcosa in comune che al primo sguardo non cogliamo. Da un lato c'è la madonna che dorme con il bambino in braccio, stanca per il lungo cammino, mentre un angelo suona con il violino lo spartito che Giuseppe tiene tra le mani. Maria ha la testa reclinata nel sonno, gli occhi chiusi e i capelli raccolti. Nell'altro quadro, invece, la Maddalena ha appena rinunciato alla sua vita scellerata. Gioielli e unguenti sono abbandonati a terra, e anche lei ha la testa reclinata, ma i capelli sciolti. La vergine e la prostituta, la purezza e il peccato: e sono la stessa donna! Caravaggio, che dipingeva dal vero, aveva scelto una sola modella per le due figure. Cosí Maria e Maddalena sono uguali e diverse come due gocce d'acqua, come due lacrime.

Ci sono zone di Roma che paiono ritrarsi in una loro riservatezza gentile, come se si proteggessero dagli intrusi e dai ficcanaso, come se fossero contente di rimanere in disparte, via dalla pazza folla. Questa è l'impressione che mi dà, ad esempio, Casal Bertone. Certo, anche qui è atterrata l'astronave di un grande centro commerciale, e l'antica quiete inizia a sgretolarsi, ma comunque nelle vie del quartiere si respira ancora un'aria da paese. Nella piazza centrale la gente resta fino a tardi la sera a parlare e a prendere il fresco, i bambini giocano in libertà e i vecchi raccontano le storie di un tempo andato. Ogni volta che passo da Casal Bertone, l'occhio si arrampica sulla facciata di un grande palazzo popolare, costruito nel 1929 e ora giustamente considerato patrimonio artistico nazionale. Ebbene, sulle colonne ai lati dell'entrata, proprio lassú in cima, come su due arditi spunzoni dolomitici, stanno sospese le statue di due daini. Due daini a Roma: che ci stanno a fare, come ci sono arrivati? Non si sa, però la storia narra che quelle due leggiadre creature una volta portassero anche imponenti e ramificate corna, che fossero insomma due cervi reali. Il grande edificio era stato costruito per i ferrovieri, gente che viaggiava tanto su e giú per l'Italia, che a casa stava poco o niente e giocoforza trascurava un po' le mogli. Cosí, per sfottere e punzecchiare, nel quartiere il palazzo dei cervi venne ribattezzato il palazzo dei cornuti. Quel titolo non poteva essere sopportato a lungo, cosí un giorno di tanti anni fa qualcuno dei ferrovieri montò su una scala, salí fino ai cervi e con una sega potò le loro corna offensive che ora, come rami secchi, giacciono in qualche sottoscala.

Mille storie comuni e importanti hanno abitato questo palazzo, tanta vita ha traversato i suoi cortili, ora allietati dagli oleandri in fiore. Una targa ricorda Virgilio Bianchini, ucciso nel 1944 dai fascisti, un'altra, sotto un'immagine della Madonna, ringrazia il cielo per aver salvato le case dalla guerra aerea. Il Novecento è stato qui, tremendo e fervido, nel palazzone dei daini o dei cervi, in quest'angolo di Roma, dove la vita pare piú vera.

In un angolo del piazzale del Gianicolo, alle sei di pomeriggio si annuncia il primo spettacolo: sotto al palco i bambini fremono, i genitori accennano un sorriso che sa di nostalgia, e sembra che anche i busti degli eroi garibaldini sparsi sotto gli alberi ruotino lo sguardo verso il teatrino dei burattini, per ingannare il lungo tempo della gloria e della noia. Persino l'Eroe dei Due Mondi, issato sul suo immenso cavallo, eternamente costretto a un fiero cipiglio e a un indomito coraggio, vorrebbe dare un'occhiata a quanto accade laggiú, scendere per farsi due risate con le vicende di Pulcinella e degli altri burattini. Sono quarantaquattro anni che Carlo Piantadosi replica i suoi spettacoli per grandi di sette anni e piccini di settanta, agitando in faccia al mondo le sue «guarattelle» napoletane. Nella lingua comune dei romani si accenna ancora ai burattini del Pincio, perché fu su quel colle che iniziò la carriera di Piantadosi, giovane assistente del padre e dello zio: ma da una vita il teatrino si è trasferito qui sul Gianicolo, a tenere compagnia a chi cerca venti minuti di aria fresca e di distrazione. Prima è necessario far vagare lo sguardo sulla nostra città, sopra quei secoli di bellezza e dolore, e poi – un po' trasognati, quasi storditi da pensieri senza forma e senza parole – si passa al teatrino dei burattini. Pulcinella ama la dolce Gabriella, sfugge ai carabinieri, al lavoro e alla fame, incontra il Diavolo e la Morte, e sono fragorose legnate, sempre le stesse, sempre uguali, perché sempre uguale è la battaglia per la felicità terrena. I bambini ridono da matti, trepidano, avvertono Pulcinella dei pericoli, si stringono ai genitori e poi battono contenti le mani.

Carlo Piantadosi ha divertito generazioni intere di romani, forse è il primo che ci ha insegnato che la vita è una cosa complicata ma buffa. Non sarebbe il caso di ascoltare chi da tanto tempo prende a legnate la Morte?

Nel suo stile ampolloso e tracimante, Gabriele d'Annunzio cosí scriveva: «O grandi chiese di Roma, tutte piene di placida luce aranciata o violetta, cosí barocche e cosí belle, gran fortuna è che gli uomini non ascoltino i miei consigli lirici e che i veri ferventi siano pochi, altrimenti voi perdereste il vostro incanto maggiore, il quale è, in verità, la solitudine. Nelle ore della siesta tutte le chiese sono deserte e silenziose come le caverne mistiche nel grembo delle montagne, abitate dai cervi e dagli eremiti. I pavimenti di marmo hanno un luccicare cupo, come di acqua stagnante. Nelle cappelle l'ombra è profonda e misteriosa, rotta qua e là da luccicori indistinti...» Lasciando asciugare le parole, rimane la bella intuizione delle chiese romane come caverne alpestri, scavate da un'ombra che rinfresca il corpo e il cuore. Quando il cielo brucia e la mente vacilla, si può sempre trovare rifugio in una delle tante spelonche seicentesche della nostra città. Se vi trovate dalle parti del Colosseo, imboccate via Fagutela, una stradina che s'acceca contro la gradinata protesa fino a San Pietro in Vincoli. A mezza via si trova la chiesa di San Francesco di Paola, aperta solo nei giorni festivi, dalle dieci a mezzogiorno. Entrate, sedetevi e ammirate lo spettacolo della parete dietro l'altare maggiore: è qualcosa che va oltre ogni immaginazione, un putiferio barocco da rimanere senza fiato, come bambini al circo. Uno stormo spericolato di angeli-acrobati schiude un sipario da teatro, lo stucco delle tende s'avvolge come seta sotto le mani paffute dei cherubini, pare si muova al vento impetuoso delle loro ali. Oltre il sipario c'è un tabernacolo dorato a forma di tempio, e piú su, tra nuvole di panna montata e raggi sovrannaturali, appare la figura imponente di un Dio regista, un artefice che non bada a spese pur di stupire e conquistare il suo pubblico. Naturalmente per questo strabiliante capolavoro s'è fatto il nome di Bernini, il piú grande prestigiatore della storia, ma l'autore è invece il piú modesto Antonio De Rossi. Quell'altare è un ventilatore celeste: soffia un'aria fresca che nessuna canicola può spegnere.

Quest'estate, nella bolgia della Festa dell'Unità ai vecchi mercati generali, un ragazzo e una ragazza si guardavano attorno cercando gli altri amici del loro gruppo, evidentemente dispersi tra la folla. I due allungavano il collo, frugavano con gli occhi qua e là: niente. Allora il ragazzo si è rivolto cosí all'amica: «Vabbe', se semo diluiti». Che bella invenzione linguistica, che scorcio vivace! A volte abbiamo la sensazione che il romanesco si sia tragicamente impoverito, che nessuno sappia piú coniare una di quelle espressioni rapide e spiritose che hanno reso il nostro dialetto celebre in tutta Italia. La potenza comica e disperata del Belli, quella capacità di stringere in un solo verso tutto un ragionamento, sembrano perdute nella rozzezza di poche frasi sempre uguali, costruite con quattro parolacce e due imprecazioni. Anche i nuovi comici, quelli che riempiono le piazzette estive, giocano sempre la solita parte del coatto che se la canta e se la suona con un vocabolarietto ridotto al minimo. È la rappresentazione di una miseria che a volte fa anche ridere, ma come si ride di una sciagura, solo per non piangere.

Per fortuna ogni tanto in mezzo a questa discarica verbale si colgono ancora dei frammenti luccicanti, cocci o diamanti che brillano d'intelligenza. Un tipo grande e grosso raccontava al bar le sue difficili vacanze su qualche costa della Sardegna. «Se semo rincagnati in cinque in una camera, ma amo retto na settimana sola, costava tutto l'euro de dio!» L'euro de dio, che sintesi perfetta, un problema che occupa la mente di ogni cittadino riassunto ed esposto con un lampo geniale.

Talvolta anche i nuovi linguaggi si mescolano con il trasteverino. Stravaccati sui gradini della fontana di Santa Maria, due ragazzi si spartivano beatamente una cicca. Dopo il gran caldo, l'aria era finalmente fresca. I due erano rilassati, osservavano con un sorriso silenzioso le ragazze che passavano nella piazza. Forse prima erano stati al mare, perché in una sacca avevano asciugamani colorati. E d'improvviso uno dei due ha detto all'amico, al mondo, al cielo generoso di Roma: «Me vorrei proprio masterizza' 'sta bella giornata...»

Prima di tornare a monumenti, quadri e fontane, voglio soffermarmi ancora sui visi e sui corpi di alcuni nostri concittadini, su certe figure isolate che restano sullo sfondo, ma che il nostro occhio inesorabile registra. Del resto gli esseri umani sono il paesaggio piú interessante che c'è, quello da cui piú s'impara. La mattina, prima del lavoro, ci fermiamo per un caffè al solito bar. La gente si affolla al bancone, commenta la partita della sera precedente o qualche malefatta del governo. C'è l'atmosfera simpatica che precede la partenza di una dura corsa campestre: per un momento si sta ancora tutti insieme, poi ci si snocciolerà lungo il percorso del giorno. Ebbene, in un angolo del bar, alle sette e trenta, ci sono già il solito uomo e la solita donna curvi sulle due macchinette del videopoker. Hanno la sigaretta incollata all'angolo della bocca, gli occhi arrossati, le dita frementi sui tasti. A volte stringono nella mano un bicchiere di amaro. A sera, quando passiamo a comprare il latte prima di rientrare a casa, li ritroviamo lí, fumanti e tetri, pigianti e soli. Non parlano neanche tra di loro. Hanno le facce cupe di chi scarica in quel gioco imbroglione tutta la rabbia e la pena di una vita. Il mondo li ignora e loro ignorano il mondo. Li guardiamo di sottecchi e pensiamo a quanto è forte la spinta all'autodistruzione, quanti vicoli imbocca. E poi, proprio fuori dal bar, mentre le ombre abbracciano i palazzi, scorgiamo un'altra figura tipica del nostro tempo, un'altra isola infelice. È un pensionato vestito dignitosamente, con un cagnetto al guinzaglio. Alle spalle ha tanti anni di lavoro, davanti a sé miseria e solitudine. Lo osserviamo mentre apre con finta noncuranza il cassonetto della spazzatura. In mano non ha nessun sacchetto da gettare. Sbircia nell'abisso fetido del contenitore e poi, con un gesto rapido e pieno di vergogna, afferra qualcosa: una busta con i resti di una cena, qualche pomodoro mezzo marcio, del pane raffermo. È la sua spesa, il sostentamento per sé e per il suo cane. Anche questa è la città: gente comune che soffre nei nervi e nel corpo, che cerca la fortuna o il cibo negli angoli piú bui.

Le grandi città offrono molto alle persone tra i dieci e i sessant'anni. Ci sono teatri e cinema in abbondanza, mostre, concerti, incontri sportivi, corsi di yoga e di cucina e di mimo: basta sfogliare il *Trovaroma* per rendersi conto delle mille proposte. A volte ci sembra addirittura troppo, con la penna cerchiamo cento serate possibili, e magari poi, per un senso d'inadeguatezza di fronte a quel diluvio di occasioni, ci ritiriamo in buon ordine nella nostra casetta.

Molto meno bene va per i bambini e gli anziani. Per loro probabilmente la vita sarebbe piú facile in un piccolo paese dove tutti si conoscono, il traffico è nullo, l'aria pulita e non si corrono rischi di alcun tipo. La città tende a escludere i vecchi e i bambini, persone fragili che vanno piano e vivono in un altro tempo, indifferente alle leccornie culturali. Loro consumano poco, vorrebbero solo giocare o chiacchierare in santa pace, godersi una bella e gratuita giornata di sole. Forse per questo sono rimasto piacevolmente colpito da un cartello appeso fuori da un minuscolo parco della Balduina: «Questo luogo è riservato ai bambini e agli anziani». Gli adulti, a meno che non siano responsabili spingitori di carrozzine, devono rimanere fuori. Che se ne vadano al cinema, a fare compere, a distrarsi o rodersi il fegato altrove, questo triangolino di verde è destinato solo a chi sta iniziando e a chi sta finendo. Siamo al Clivio di Cinna, nome che fa pensare a qualche profumato bagno schiuma: e invece è una stradina appartata e tranquilla, appena sotto la vetta di Monte Mario. Poco prima della fine, sulla destra si apre un portone. Oltre il portone c'è uno dei tanti istituti religiosi di Roma, una casa imponente circondata da cedri e palme, aiuole e panchine. Qui regna un'*apartheid* rovesciata: i deboli sono accolti, i forti sono esclusi. Gli ultimi sono finalmente i primi. È un giardino incantato, pieno di grazia e di malinconia, un Eden destinato ai nonni e ai figli di Adamo ed Eva, troppo impegnati nel lavoro e nelle loro infinite nevrosi per meritarsi una pausa di quiete. Qui il tempo sembra immobile, come un'altalena in equilibrio perfetto tra il passato e il futuro.

Ci affatichiamo, in mille modi c'industriamo per avere una vita migliore, che oggi significa possedere tante cose ed essere in perfetta sintonia con lo stile del tempo: ma a volte ci prende il sospetto «che quanto piace al mondo è breve sogno» e che forse non vale la pena di sprecare troppe energie per caricarsi di oggetti inutili o per mascherarsi.

Le rovine dei Fori, i saldi nelle vetrine dei negozi, la spazzatura che trabocca dai cassonetti a volte parlano una lingua semplice e sapiente. E poi ci sono gli sfasciacarrozze, solenni monumenti alla fugacità del tempo. Quegli sfasci di macchine sono parte integrante del paesaggio romano, commenti silenziosi e implacabili al fracasso della vanità umana. Di solito davanti a questi templi di carcasse e ruggine c'è un uomo grasso seduto su una seggiolina, sereno e indifferente come un oracolo, con un cane di nessuna razza nota sdraiato accanto. Lui accoglie l'automobile che solo poco tempo fa era nuova, che costò cambiali e preoccupazioni, e la scaraventa nel mucchio. Lui, per altro, sa dove ripescare la portiera decente di una Ritmo, il fanalino di destra di una Skoda, un parafango che può ancora parare montagne di fango. Getta e recupera, inghiotte e sputa, e il resto del tempo ozia osservando con le palpebre semiabbassate le automobili che fuggono nei viali. Sembra che dica: vi aspetto tutte qui.

Da poco a Tor di Quinto hanno fatto sloggiare i vecchi sfasciacarrozze, perché poco decorosi e forse anche abusivi. Gli ospiti importanti che arrivano a Roma non debbono vedere quei cumuli di rottami, non è un buon biglietto da visita per la nostra città. Eppure siamo quasi convinti che lo spettacolo di quelle rovine contemporanee possa fare solo bene alla mente. Che ognuno faccia la sua parte, bisbigliano i motori immobili, ma che nessuno pensi di durare per sempre.

Il simbolo del Wwf è il panda, tutti lo sanno e tutti amano quel buffo orsacchiotto bianco e nero, sempre minacciato dall'estinzione. Lui è il capofila di una lunga carovana di animali che oggi ancora ci sono e domani chissà, perché nessun'arca riesce piú a garantire la salvezza a chi è condannato dal diluvio del progresso. Anche nei prodotti alimentari, per altro, esistono i panda: formaggi alpini, insaccati regionali, piatti rari che rischiano d'essere spazzati via dal dilagare dei cibi da supermercato e da nuove e spietate regole igieniche.

I bambini romani, che come tutti i bambini italiani tendono a intripparsi di merendine confezionate, forse non sanno già piú cos'è il maritozzo con la panna, o magari lo associano a strane figure familiari, come la suocera acida, la cognatina tutto pepe o lo zio bisteccone. In effetti è sempre piú difficile trovare oggi a Roma una pasticceria che accanto ai cannoli e ai bignè esponga i mitici maritozzi con la panna. Eppure fino a pochi anni fa ogni bar della città proponeva questo dolce indigeno, semplice e gustoso. Stava lí, spaccato in due e gonfio di panna, come una tentazione irresistibile. Dall'altra parte del vetro sembrava che ci dicesse: la giornata sarà dura, il tempo inclemente, il lavoro piú faticoso che mai, e allora concediti una gioia a buon mercato, affonda i denti nella pasta, sporcati naso e mento come un ragazzino, godi! Ah, piccola consolazione dei giorni difficili, dove sei finito? Avevi forse troppe calorie, grondavi d'esagerata dolcezza, eri un pericolo per il punto vita e le natiche palestrate? Cosí, se vogliamo incontrare il maritozzo, dobbiamo cercarlo in qualche pasticceria periferica, dove il fanatismo del look e del fisicaccio ancora non la fa da padrone. Io vi consiglio una gita a Centocelle, all'*Antica Pasticceria* di via dei Castani, poco lontano dalla chiesa di San Felice. Lí si produce la maritozzità assoluta, l'archetipo di questo dolce un tempo tanto amato. Il Panda dei dolci.

Risaliva a prima della Prima guerra mondiale, stava all'inizio di via Agostino Depretis e si chiamava il *Quarantotto*: era un emporio che, come dichiarava la sua insegna, vendeva ogni oggetto a quarantotto centesimi, quasi niente. Chissà perché il proprietario aveva scelto proprio quella cifra, quel numero: forse gli evocava l'anno delle grandi sollevazioni popolari, quel moto idealista e vitale che poi è divenuto un modo di dire per indicare confusione e sovvertimento. Contro la tirannia dei prezzi alti, contro la discriminazione dei poveracci, lui combatteva la sua onesta battaglia commerciale a colpi di quarantotto centesimi.

Poi quel negozio chiuse e per molto tempo non s'è piú visto nulla di simile. Negli anni del boom, nei gioiosi anni Sessanta e in quelli di piombo, e nel decennio opulento e corrotto che precedette Mani Pulite, nessuno aprí piú un luogo del genere. La società diventava piú ricca e gli acquirenti desideravano prodotti di qualità sicura, marche pubblicizzate, griffe e griffette. Ma ora che fischia il vento della crisi, ora che l'euro ha impennato i prezzi e tante famiglie tirano la cinghia per arrivare al ventisette, ecco che si moltiplicano queste eroiche trincee contro la miseria. A Tor Pignattara, sull'Appia, sulla Tuscolana, alla Magliana e in tanti quartieri popolari, come funghi sono spuntati i negozi dove tutto costa un euro. Sono i discount dell'impossibile, i grandi magazzini dell'indigenza, i fortini dove difendere un potere minimo d'acquisto.

A me sembrano addirittura luoghi poetici. Quella piccola moneta che basta solo per sganciare il carrello al supermercato, qui diventa l'unità di misura della speranza. I piú radicali si fermano ancora prima, ai cinquanta centesimi. Dentro questi bazar sono in vendita saponi e giocattoli, strofinacci e cornici, vasi e deodoranti, magliette e quaderni, bambole e piatti e penne, un oceano di merci che si contiene dietro quell'argine stretto. Chiunque può portare a casa un regalo, far felice il marito, la moglie, i figli, se stesso. Si entra sognando di trovare a un euro anche una macchina o una pelliccia. Si sogna molto, e intanto si resiste alla minaccia della povertà.

«Chi non è capace di vivere in società, o non ne ha bisogno perché è sufficiente a se stesso, deve essere un dio o una bestia», scriveva Aristotele, e in parte aveva ragione e in parte si sbagliava, perché anche gli animali conoscono le regole, i vantaggi e i fastidi della vita sociale.

Uno spettacolo che non cessa mai d'incantare, esattamente come il fuoco nel caminetto o l'acqua delle fontane, è la grande fossa del Bioparco dov'è ospitata – o reclusa, se vogliamo – una folta comunità di macachi. I macachi sono scimmiette africane buffe e piuttosto nervose, sempre in movimento, che davvero fanno pensare a qualche remota fratellanza con il genere umano. D'altronde in certe parti dell'Italia del nord *macaco* è un insulto bonario, rivolto a chi appare un po' tonto, un po' troppo infantile, un epiteto che presto o tardi tocca a chiunque.

Tutto intorno a quella profonda conca di terra e cemento si dispongono le famigliole romane che la domenica portano «li regazzini» ad ammirare gli animali piú esotici. Dopo aver esaminato abbastanza da vicino zebre e giraffe, tigri e ippopotami e foche, stanchi per le rincorse dietro ai bambini e le carrozzine da spingere su e giú lungo i vialetti dello zoo, i genitori si riposano appoggiati alla balaustra che affaccia sul teatro dei macachi. È difficile immaginare uno show piú divertente: le scimmiette sembrano ripetere in fretta e in miniatura tutti i nostri comportamenti sociali, e dagli spalti la gente partecipa e commenta, come una volta accadeva al Volturno o all'Ambra Jovinelli. «Guarda quella quanto è tosta, come se la comanda... e guarda quella come ci sforma. A rosicona! E la piccoletta, guarda che smorfiosa. A zoccola! Guarda, stanno a discute, litigheno per chi ha diritto all'albero piú alto, senti come strillano! Mo' parte na sveja, sta a vede'... Quanti bacetti dà quella macaca ai bambini suoi, come li protegge, te prego, che tenera...» Il sopra e il sotto sembrano rispecchiarsi allegramente, si starebbe le ore a osservare quella bella commedia che pare scritta da un Molière della giungla! Ma è quasi sera e bisogna tornare a casa, dove ci aspettano le tristi scimmie della televisione.

Nessuno sa cosa fa muovere il mondo, se l'amore o la guerra, la provvidenza o il sesso, l'ambizione o l'istinto di sopravvivenza, o il denaro. L'elenco non è lunghissimo ma sufficiente a confonderci. Tanti sono i motivi che ci catapultano in strada ogni giorno, dai piú nobili ai piú meschini. «È la curiosità che mi fa alzare ogni mattina», diceva Fellini; «È il bisognino che fa trottà la vecchia», dicono a Roma.

Se vi capita di passare per piazza del Monte, probabilmente penserete che l'oro è uno dei piú potenti motori dell'esistenza, che in quel metallo si ritrovano tante diverse ragioni. Piazza del Monte è il luogo piú balzachiano della città, è un romanzo sociale a cielo aperto, un concentrato di storie liete e amarissime. Sulla piazza si affacciano solo oreficerie dove i romani vanno a comprare l'anello per la sposa, la catenina per il battesimo del figlio nuovo, il braccialetto per qualche anniversario speciale. L'oro sembra marciare a braccetto con la felicità, con un presente radioso proiettato verso un futuro ancora migliore. Il fidanzato, la madre, il vecchio marito guardano le vetrine sfavillanti e pensano a un regalo che sia promessa di fedeltà e di costanza, simbolo di benessere. Nessuna ruggine può attaccare l'oro e l'amore. Ma se entriamo nel palazzo del Monte di Pietà, che fin dal Seicento sta lí a fare il suo sporco lavoro, l'atmosfera cambia completamente. In fila davanti agli sportelli per impegnare i propri beni – orologi, orecchini, collane, ma anche pellicce e posate e servizi da tè – c'è un'umanità con l'acqua alla gola. Zingari e pensionati, impiegati con le rate in scadenza, vedove dignitose e giocatori sfortunati aspettano il loro turno per consegnare un ricordo prezioso in cambio di una manciata veloce di denaro, sperando o illudendosi di potere presto recuperare quel bene. E intanto, in una saletta accanto, un banditore mette all'asta oggetti che sono pezzi di vita e in pochi secondi passano di mano. E cosí, in mezzo alla piazza, si sfiorano vite felici e vite rovinate, chi ha appena comprato e chi ha ceduto, chi è contento di tornare a casa con un regalo e chi se ne va con un sasso nel cuore.

Migliaia di scritte sono tatuate sulla pelle della città: promesse d'amore eterno, insulti rabbiosi, accesi incitamenti al giocatore prediletto, slogan politici e tante altre parole che poi, passati gli anni, rimangono lí a raccontare malinconicamente un tempo andato, come le scritte incise sui sarcofagi romani. E poi ci sono le insegne dei negozi, che a modo loro raccolgono e sintetizzano lo spirito di un'epoca. Ricordo ancora una boutique di vestiti per bambini a Centocelle, quartiere sempre politicizzato, che spiritosamente si chiamava *Un borghese piccolo piccolo*, come il romanzo di Cerami e il film di Monicelli. Oppure un negozio di calzature che nella sua insegna riassumeva con un'invenzione da applausi tutto lo scintillante edonismo degli anni Ottanta: *Scarpe Diem*. E ancora, una pizzeria dalle parti della stazione Termini, gestita probabilmente da fornai ecologisti, attenti non solo all'impasto della margherita e al ripieno del calzone, ma anche alle dure battaglie per l'ambiente tipiche degli anni Novanta: si chiamava, udite e sorridete, *Greenpizz*. E un certo spirito demenziale, da cabaret televisivo, da protobarzelletta vanziniana, si può ritrovare in *Ajo ojo e scarponcino*, celebre negozio sull'Appia. E poco tempo fa mi è caduto l'occhio sull'insegna di un ristorante cinese in zona Primavalle, il quale oltre a proporre i soliti involtini primavera e l'inevitabile pollo alle mandorle offre ai suoi clienti anche la pizza. Siamo nel 2004, il grande tema è quello della globalità, ovunque si ragiona sulla fusione di culture diverse, sui popoli che s'incontrano e si mescolano dando vita a nuovi scenari antropologici. Scrittori eccellenti e illustri professoroni hanno versato mari d'inchiostro per spiegare quanto sta accadendo. Ma a chi non avesse tempo di leggere articoli e libri, a chi serve un lampo per cogliere in un attimo tutta la complessità del fenomeno, consiglio questo ristorante e la sua strepitosa insegna: un matrimonio che pareva impossibile è avvenuto, proprio qui a Roma, e la partecipazione di nozze sta lí, accesa e in bella vista. Il ristorante si chiama *Cinapoli*. Ah, potere della lingua, lungimiranza d'oste!

Ogni tanto è giusto andare a ritrovare dei capolavori, come si rilegge un classico per ascoltare di nuovo le sue parole, che sono sempre quelle, d'accordo, ma noi nel frattempo siamo un po' cambiati e forse impariamo qualcosa in piú. C'è sempre una sorpresa, un dettaglio che non avevamo mai notato.

Cosí una domenica vi consiglio di entrare a Santa Maria del Popolo: è una chiesa che basterebbe da sola a riempire un manuale di storia dell'arte. Ci sono opere di Raffaello e Pinturicchio, Sebastiano del Piombo e Carracci, e naturalmente le due celebri tele di Caravaggio, la *Crocifissione di San Pietro* e la *Conversione di San Paolo*. Sono immerse nella penombra della cappella Cerasi e bisogna spendere una monetina per garantirsi un po' di luce: ogni visitatore aspetta che sia un altro a farlo per godersi i quadri illuminati. Ormai si cerca di risparmiare su tutto, la crisi rende miseri. E cosí, mentre galleggiamo in quella semioscurità, il nostro sguardo d'improvviso s'inchina su un sepolcro. È la tomba di Teresa Pelzer, «letteris et musicis sapientissima», moglie di uno dei Cerasi e morta di parto nel 1852 a ventisette anni. Un bassorilievo la rappresenta distesa serenamente, con gli occhi chiusi e il viso dolcissimo: pare la bella addormentata. Poggiato sul petto, avvolto da un velo leggero, c'è il suo bambino appena nato. Nessuno ci fa caso, i turisti sono completamente presi dalla potenza del Caravaggio, sfogliano le guide, commentano a bassa voce, ignorano del tutto quella modesta opera funeraria, un marmo neoclassico e patetico, scolpito da qualche ignoto accademico. Eppure, per una volta almeno, questa tomba ci sembra di una bellezza struggente, ci fa immaginare la vita di quella giovane donna, il suo amore per la poesia e la musica, la difficile gravidanza, il parto tremendo, la sua morte e la vita del bimbo che ancora stringe a sé. È un meraviglioso canto d'amore, unico nel suo genere, commovente come un addio. Arte minore, probabilmente, ma capace di spingere un brivido nell'anima, un pensiero nella mente.

The Passion ha spopolato anche a Roma, non c'è circolo esclusivo o remoto angolo di rosticceria, scuola ufficio o palestra dove non si sia commentato per giorni il film di Mel Gibson. È una truffa colossale, una macelleria sotto religiose insegne o invece è un film toccante, crudele ma intenso, che riesce a screpolare il cuore indurito di noi occidentali? Io propendo per la seconda ipotesi. Certo, uscendo dal cinema *Tibur* a San Lorenzo, insieme ad altri spettatori ho dovuto soccorrere una suorina svenuta di schianto sugli scalini. Capisco che quelle frustate scorticanti e quei chiodi conficcati a martellate nelle mani possono fare veramente male, però mi sembra che il film sia riuscito nel suo intento: raccontare con il linguaggio dei nostri tempi la morte di un uomo giusto come nessun altro, straziato dalla crudeltà del mondo. Confesso che in qualche momento ho chiuso le palpebre per non vedere quello scempio, ma in altri ho sentito le lacrime premere negli occhi, e le ho arginate a stento.

Se però temete di soffrire troppo, recatevi per lo meno nella chiesa di Santa Maria in Monticelli, dietro il ministero di Grazia e Giustizia, in un punto di Roma che pare un frammento medioevale. Nella chiesetta ci sono due capolavori poco noti che meritano di essere conosciuti: una crocifissione lignea del Duecento, attribuita a Pietro Cavallini, e un affresco della flagellazione, opera di Antonio Carracci, il meno celebre dei fratelli Carracci. L'arte italiana ha un innato senso della misura, il dolore non deve mai straripare come un fiume fangoso, ma anzi contenersi e trasformarsi in immagini limpide ed equilibrate. Geometria e sentimento, pena e bellezza, luce e ombra si fondono senza eccessi in ogni sacra rappresentazione. Il crocefisso del Cavallini è la conferma di tutto ciò, ma è soprattutto l'affresco della flagellazione a rubarci gli occhi. Gesú è rappreso nella sua sofferenza, la testa china, le mani legate dietro la schiena, mentre i due fustigatori sono avvitati nell'impeto delle sevizie, torti dal movimento della frustata. In una sola immagine, brutale e dolcissima, si riassume il mistero della Passione. Credo che Mel Gibson, però, non l'abbia mai vista.

«Un arcobaleno che dura un quarto d'ora non lo si guarda piú», scriveva Goethe, intuendo perfettamente che gli spettacoli piú stupefacenti durano pochi attimi. Il cuore ha un sussulto e poi si annoia in fretta. Ebbene, voglio raccontarvi un'impressione folgorante che resiste giusto il tempo di qualche curva, e proprio per questo emoziona da morire.

Facciamo conto di andare in gita ai Castelli, sperando che il cielo regga. È la solita gitarella fuori porta, un panino con la porchetta ad Ariccia, una coppa di fragole a Nemi, qualche ora di dolce far niente nel verde dei Pratoni del Vivaro. Magari indugiamo piú del previsto e decidiamo di fermarci per cena in qualche ristorantino dei colli, beviamo un bicchiere in piú, chiacchieriamo con gli amici e i parenti, e quando si riparte per la città è ormai quasi notte. Siamo stanchi, perché il riposo stanca, e abbiamo già la testa proiettata verso gli impegni di domani. Scendiamo in macchina lungo la via dei Laghi, strada tortuosa e bellissima, e guidiamo in silenzio, perché ormai non c'è piú niente da dire e perché il percorso è impegnativo. D'improvviso sulla sinistra appare, lí sul fondo, lo specchio scuro del lago di Albano, ravvivato appena da qualche riflesso. L'occhio sfiora quel cerchio chiuso e malinconico, e di nuovo sbadatamente s'allunga su ciò che ha davanti: e davanti, laggiú nella pianura – imprevista, meravigliosa, infinita – c'è Roma. È una via lattea di stelle palpitanti, una brace sconfinata su cui ardono milioni di esistenze. Tutto è indistinto, non ci sono ancora piazze e strade, nomi e cognomi, storie felici o infelici, non possiamo dividere i bagliori delle banche da quelli delle case dove si piange, le vetrine dei bei negozi dai lampioni periferici, i focheracci delle prostitute dalle lucette accese nelle macchine degli amanti, siamo lontani da ogni comprensione. È solo un magma incandescente, un putiferio di lucciole. È la nostra città che come una fabbrica instancabile produce vita. È uno spettacolo impressionante: dopo poche curve scompare, e dopo qualche minuto ci siamo dentro.

Ogni volta che passavo per via dei Volsci, nel tratto che precede il mercato, mi sorprendevo per una paradossale insegna di negozio, perfetta realizzazione di quella coincidenza degli opposti su cui si sono lambiccati filosofi e mistici. L'insegna recita così: *Profumeria e coltelleria*. Che razza di rapporto ci può essere tra un'acqua di Colonia e un coltelluccio sardo, tra un deodorante per le ascelle e il rosso centousi svizzero? Eppure nelle vetrinette del piccolo negozio stanno poeticamente esposti profumi e coltelli, gli uni accanto agli altri, come immagini di un rebus della *Settimana Enigmistica*. Volevo arrivarci da solo, risolvere l'indovinello senza aiuti, ma brancolavo nel buio. Fantasticavo su storie di passioni, tradimenti, donne fatue e tragiche coltellate... E così alla fine mi sono deciso a entrare nel negozietto per chiedere la soluzione. Il gentilissimo signor Pette, che da decenni gestisce il negozio ereditato dal padre, mi ha svelato l'arcano: da Sant'Elena Sannita, provincia d'Isernia, durante i primi anni del secolo scorso sono arrivati a Roma centinaia di arrotini. È la specialità del paese molisano, tant'è che in piazza hanno addirittura eretto un glorioso monumento all'arrotino. Costoro lanciavano le loro grida sotto le finestre, e le donne scendevano per rifare il filo ai coltelli da cucina e alle posate del servizio buono. Persino i bisturi del Policlinico venivano affilati da quegli artigiani che pedalando e girando la mola scintillante ridavano vita a ciò che era smussato. Ma i clienti principali erano parrucchieri e barbieri, che da sempre hanno bisogno di forbici e rasoi ben taglienti. Ecco allora qual è il punto di contatto tra lame e profumi! Presto gli arrotini diventarono anche fornitori di saponi, creme di bellezza, lozioni e talchi odorosi.

Altri tempi, un'Italia che ancora non conosceva la fretta indiavolata dell'usa e getta. Arrotini, ombrellai, impagliatori di sedie oggi sono quasi scomparsi, e le profumerie ormai sono templi del lusso. E questo negozietto è un ultimo commovente omaggio alla fantasia di chi ha combattuto la miseria con il coltello tra i denti e la brillantina sui capelli.

Vi propongo un gioco da fare quando siete chiusi in macchina, abbandonati in qualche coda immobile e snervante, fermi a un semaforo. Si tratta d'interrogare la città come fosse un mazzo di carte assai particolare: tarocchi disegnati dalle vetrine e dalle insegne dei negozi. Si scelgono cinque negozi uno in fila all'altro, cinque carte che a volte contengono una storia e forse svelano il senso segreto della nostra giornata. Possono essere cinque negozi d'abbigliamento, e allora la faccenda è poco interessante, ne deduciamo solo che tutto è in vendita e che bastano un po' di soldi per acquistare una personalità, o almeno una maschera presentabile. Ma se ad esempio ci troviamo al caotico incrocio tra viale Regina Margherita e la Nomentana, possiamo spizzarci cinque carte incastrate perfettamente, una straordinaria scala reale capace di condurci al cuore di questo tempo. Dunque, la prima carta è un ristorante etiope: è la società multietnica che si presenta tra di noi anche con la varietà del cibo, coi suoi infiniti odori e sapori. Poi c'è un negozio che vende cartucce e stampanti per computer: è la tecnologia che è entrata prepotentemente nella nostra vita, è la rete, la comunicazione globale, l'immaterialità che ancora si cala nell'ultima boccetta d'inchiostro prima di diventare pura luce di uno schermo. Subito dopo c'è un negozietto *new age* che propone testi yoga, corsi di meditazione, pietre sapienziali, ciondoli mistici: è lo spirito che cerca nuove forme per raggiungere gli uomini del Duemila, il nostro affannato desiderio di pace e armonia. Quindi c'è una banca grande e grossa: ecco i nostri poveri soldi, i debiti, lo stipendio a fine mese che non basta mai, le preoccupazioni della vita quotidiana, le arrabbiature. Riepilogando: il mondo, la comunicazione, lo spirito, il denaro, e siamo a quattro. La quinta carta, inevitabile, feroce ma sicura, che dà una direzione e un ordine a tutto quanto, è una silenziosa ditta di pompe funebri. Questa è la smazzata di oggi, su cui meditare mentre il semaforo si è fatto finalmente verde e forse ci lascerà passare e rientrare nel movimento che ci porta altrove, o forse ancora no.

Capita a tutti, credo, di sentirsi profondamente rammaricati per un lavoro riuscito male: bisognava dare il massimo, fare le cose come si deve, e invece il risultato è stato mediocre. Anche se nessuno ci rimprovera, siamo ugualmente abbacchiati perché potevamo e dovevamo fare meglio. Cominciamo a sospettare di valere poco o niente, perché chi vale non sbaglia cosí malamente.

Se ci troviamo in una condizione del genere, tormentati dai dubbi e dai sensi di colpa, se abbiamo fallito una prova importante e vorremmo solo gettarci nel cassonetto dei rifiuti, è il caso di fare una visita a Santa Maria sopra Minerva e dare un'occhiata alla statua del Redentore scolpita dal sublime Michelangelo. Michelangelo Buonarroti, dico, il piú grande artista del Rinascimento, uno dei cinque geni assoluti dell'umanità, non uno scalpellino qualunque. Ebbene, in un attimo riprendiamo fiato e fiducia in noi stessi, perché quella statua è la prova evidente che anche i maestri talvolta si confondono. Certo, la scultura non fu completata dal genio, alla fine ci misero mani maldestre altri scultori minori, il pistoiese Pietro Urbano e il romano Federico Frizzi, però viene comunque considerata opera di Michelangelo.

Eppure quel Cristo brachilineo ha le gambe corte e tozze di un terzino di terza divisione, e sta aggrappato alla croce proprio come un terzino sta aggrappato al palo, in attesa del corner. Non c'è traccia della maestosità del *Mosè*, della dolcezza della *Pietà*, dell'armonia struggente del *David*: il viso è bello e malinconico, d'accordo, le mani sono perfette, ma l'insieme è privo di ogni drammaticità, di ogni grazia. L'idea è già dentro al marmo, diceva il platonico Michelangelo, basta farla uscire dal carcere della materia: ma stavolta la materia non si è fatta da parte, è rimasta lí a pesare sull'intuizione. E allora mille grazie, vecchio Mike, se persino tu hai fallito una volta, anche noi possiamo perdonarci.

Quando è morta, mia nonna aveva quasi 102 anni. Era tedesca, viveva vicino a Trieste e nella vita aveva visto veramente di tutto: la Prima guerra mondiale, la dissoluzione dell'impero austro-ungarico, l'avvento del fascismo, il secondo conflitto mondiale, gli orrori della guerra civile, gli anni della ricostruzione e quelli del boom. Aveva rischiato di morire parecchie volte, aveva sofferto la fame e la paura, aveva avuto due mariti, qualche amante, suonava il violino, beveva, fumava, ogni tanto tirava qualche moccolo. Nulla del mondo le era ignoto, era una donna simpatica e senza pregiudizi. E naturalmente spesso veniva a Roma a trovarci, con la valigia sempre carica di regali. Era anche una pittrice dilettante, e perciò amava i capolavori di cui è ricca la nostra città. Fino a un'età avanzatissima si avventurava a piedi o in autobus per le vie di Roma, sempre curiosa, sempre affascinata dalle mille sorprese che la metropoli squadernava davanti ai suoi occhi provinciali ma attenti. C'era uno spettacolo, però, che piú di ogni altro la inquietava e la attraeva irresistibilmente. Cosí, insieme timida e sfrontata, mi diceva: «Marco, ti prego, portami a vedere i transessuali...»

Erano gli anni del Villaggio Olimpico gemellato con Sodoma e Gomorra, prima che i lavori per l'Auditorium e l'ira degli abitanti sloggiassero quel rutilante e gommoso mercato del sesso. Cosí mi caricavo la nonnetta in macchina e la portavo ad ammirare quelle creature mostruose e seducenti, quei monumenti di carne alla lussuria. Lei si divertiva da matti, indicava col dito i bistecconi traballanti sui tacchi a spillo, voleva parlarci. «Nulla di ciò che è umano reputo a me alieno», diceva Terenzio, ed era anche il motto di mia nonna. Ho ripensato a quelle gite notturne passando l'altra notte per l'Acqua Acetosa dove, sia pure in misura ridotta, si è riaperto il circo dei trans.

Lunghe code davanti a re/regine impennacchiate, esibizioni abbaglianti e oscene, soubrette marziane che sbucano dal buio, libidine e angoscia, silicone e senso di morte: anche per questi viali notturni passa la vita, come un disperato grido d'amore. «Non abbiamo mai pace, mai», sospirava mia nonna.

Le fontane di Roma ci tengono in contatto con un mondo quasi divino, zampilli e spruzzi e fiotti sgorgano dalle regioni del mito pagano o cristiano e cosí ci ricordano che l'acqua è stata sempre un elemento sacro, primario, meraviglioso. Naiadi e Tritoni, Mosè e Nettuno, divinità fluviali e misteriose tartarughe proteggono questo bene terreno e celeste che oggi sprechiamo con somma indifferenza. Solo per lavarci i denti o farci la barba, consumiamo decine e decine di litri, e per bere non ci accontentiamo piú della semplice acqua di Roma, figlia delle fontane o dei rubinetti, ma vogliamo le marche piú pubblicizzate, acqua gonfia di bolle artificiali o imbottigliata sotto remoti ghiacciai. Eppure quando la sete dell'estate ci asciuga il palato, dopo una scarpinata sotto il sole, niente ci dà piú gioia che chinarci su un'umile fontanella romana per sentire quel fresco benefico che schizza nella gola. Altro che long-drink o bibitoni inzuccherati, l'acqua di Roma non ha rivali quando si tratta di dissetarsi per bene. Ed è bello chinarsi sul filo benedetto: è un gesto obbligatorio, ma è anche un segno di devozione. Una delle fontanelle piú affettuose della nostra città è la cosiddetta fontana del Facchino, che si trova in via Lata, addossata contro l'austera sede della Banca di Roma. Là dentro per liquidità s'intende tutt'altra cosa. L'acqua della fontanella esce da un barile di marmo, stretto tra le braccia da un uomo semplice e corpulento, con il berretto in testa e un camiciotto popolare. La sua faccia è in parte sfigurata, colpita dai vandali e dalle ingiurie del tempo: eppure ci fu chi attribuí questa statua addirittura a Michelangelo. Non so perché, ma quel viso largo mi ricorda un poco il faccione accigliato e poetico del vecchio Ungaretti. E mentre bevo e mi bagno il viso e le mani, mentre mi lascio scoppiare addosso quel fiotto fragoroso, mi tornano in mente alcuni suoi versi bellissimi sull'acqua dei fiumi: «Ma quelle occulte | mani | che m'intridono | mi regalano | la rara | felicità». E mentre mi allontano, mezzo fradicio e contento, mi dico anch'io: «Ho tirato su | le mie quattr'ossa | e me ne sono andato | come un acrobata | sull'acqua».

«Tutto quello che siamo è il risultato di ciò che abbiamo pensato: è fondato sui nostri pensieri, è formato dai nostri pensieri», recita una sentenza buddista: e a volte ci sembra che sia proprio cosí, che siano i nostri pensieri convulsi a creare questa vita affannata. È necessario dunque trovare nel giorno un tempo di quiete in cui rallentare il tumulto della mente e, di conseguenza, quello della vita. Servono luoghi dove questo sia possibile, isole silenziose dove ripararsi anche solo per pochi minuti. Un posto perfetto, allora, è il piccolo caffè che si trova all'interno di villa Mirafiori, sulla Nomentana. Da piú di vent'anni la villa ospita la facoltà di filosofia: nella bella biblioteca di legno chiaro tanti ragazzi sono concentrati sui testi di Platone e Spinoza, Cartesio e Hegel, e quel mumble mumble attento, quelle nobili riflessioni, sembra che piano piano escano dai libri e se ne vadano in giro per il giardino, tra gli alberi e le fontane, creando un clima particolare. Se lungo la Nomentana intasata respiriamo gas di scarico, se quasi senza accorgercene assorbiamo le nostre e le altrui tensioni, qui pare di riprendere fiato e salute grazie al verde e ai filosofi. Cosí è davvero una stazione di pace quel baretto con quattro tavolini e una buganvillea che colora lo sguardo d'azzurro. Il caffè costa trentanove centesimi, un cornetto trentacinque: eccoci nel mondo della misura e della giustizia, nel mondo equilibrato dei filosofi. Non dobbiamo fare niente, per mezz'ora ci basta restare seduti al tavolino: magari possiamo portare con noi un libro, sfogliare qualche pagina, leggere cinque righe e lasciare che la mente si distenda in pensieri finalmente semplici. Da lí tutta la nostra vita ci appare come un'incomprensibile battaglia fomentata dalle scariche nervose che ogni giorno ci traversano. Se pensassimo diversamente saremmo diversi, perché è la mente che, come suggerisce la massima buddista, produce il mondo. Santo Baretto dei Filosofi, Beata Colazione dell'Anima, qui si fa sosta e da qui si riparte un po' diversi. Appena fuori dalla villa un automobilista incarognito ci fa subito le corna, e noi gli sorridiamo indifferenti.

Hanno quasi sempre nomi desueti, Adalgiso, Biagio, Rolando, e un'età imprecisa, che muta molto lentamente: sono i portieri dei palazzi romani, e ormai stanno estinguendosi. A Prati, al quartiere Trieste o ai Parioli se ne vede ancora qualcuno, ma è evidente che la loro sorte è segnata. In tutte le riunioni di condominio si litiga per abbattere le spese, e un portiere costa di sicuro piú di un citofono. È un peccato, perché eravamo affezionati a quegli uomini scesi tanti anni fa dall'Umbria o dalle Marche per diventare l'anima e la memoria di migliaia di edifici. Loro conoscevano ogni appartamento e ogni cantina, le abitudini e le manie di ogni inquilino. Uomini di poche parole, meglio di tanti professoroni osservavano e capivano la natura umana. Dalla loro malinconica guardiola vedevano passare gli anni e le fortune dei condomini. Sapevano che la signora del quarto piano aveva un amante, che l'ingegnere del secondo beveva, che il figlio di quelli all'attico non aveva dato neanche un esame. I portieri raccoglievano confessioni dolorose e tacevano, fedeli al segreto professionale. Con un cacciavite e una pinza erano in grado di riparare qualsiasi guasto, la serranda crollata, il rubinetto sgocciolante, il televisore accecato. Tutto tende a deteriorarsi, ma il portiere era la mano santa che per un po' rimetteva le cose a posto, prima del crollo finale. E poi portavano a spasso il cocker dell'anziana signora e tonnellate di spesa su per le scale sempre pulite, lavavano le macchine in garage, innaffiavano centinaia di vasi durante le vacanze. Erano l'unità del molteplice, la coesione delle infinite differenze. Nei palazzi ci si odia facilmente, ma tutte le tensioni si ammorbidivano passando attraverso la diplomazia innata del portiere che mormorava: «Son cose che succedono, non vale la pena arrabbiarsi». Quell'omino poteva rimanere per ore immobile nella guardiola, a pensare chissà cosa, all'infinito, alla miseria degli esseri umani, o a una buca nella rampa del garage. Ora i portieri scompaiono e senza di loro i palazzi sembrano piú anonimi, la gente piú sola e frettolosa. «Ah, quando c'era Biagio, – ricorda qualcuno, – il mondo era piú ordinato».

Se ci fosse un referendum cittadino per scegliere la piazza piú bella, io voterei piazza del Popolo, con una punta di dispiacere per le altre cento meravigliose piazze della nostra città. È inutile elencare tutti gli aspetti che fanno di questa piazza un luogo unico al mondo: basta ricordare l'equilibrio miracoloso tra le pietre, il cielo e il verde. E poi c'è Santa Maria del Popolo con i suoi infiniti capolavori, e le due chiese gemelle, all'imboccatura del Corso, che in realtà proprio gemelle non sono. Quella di destra, Santa Maria dei Miracoli, è a pianta circolare, quella di sinistra, Santa Maria di Montesanto, a pianta ellittica. Su entrambe hanno lavorato grandi architetti come Rainaldi e Bernini, nella seconda metà del Seicento. Del resto per gli artisti piazza del Popolo è sempre stata un luogo ospitale, Fellini passava le giornate da Canova, Schifano e Pascali e molti altri da Rosati. E tanti artisti, famosissimi o meno, prima di andarsene per sempre nei Campi Elisi o in Paradiso o nel nulla, salutano gli amici e il mondo nella chiesa di Santa Maria di Montesanto. È qui che si celebrano quasi sempre i funerali di chi ha portato la sua fantasia alla città, di chi ha cercato altri universi e altre verità. È una cruna che aspetta paziente che si dipani tutto il filo di una vita: di seta o di ferro, d'aquilone o di fumo, presto o tardi il filo passerà per quella porta, e intorno ci saranno i compagni di viaggio e tanta gente arrivata quel giorno da ogni parte della città per testimoniare un affetto e una riconoscenza. Credo che solo a Roma ci sia una chiesa destinata agli artisti, i quali – si sa – se ne fregano di ogni liturgia, ma alla fine non mancano quasi mai a questo estremo appuntamento con la città. La gente in piazza applaude mentre i cassamortari caricano la bara sulla loro tenebrosa macchina. Vorrebbero tutti dire grazie a chi ha vissuto nel disordine della vita ma nella perfezione dell'arte, a chi, regista, pittore o poeta, ha aggiunto un po' di bellezza e di senso al nostro confuso mondo. Passano da Santa Maria di Montesanto, gli artisti, e se ne vanno altrove, chissà, forse in un caffè nel cielo azzurro del Pincio.

Il Grande Raccordo Anulare è cambiato moltissimo negli ultimi trent'anni. Il traffico rimane quello che Fellini raccontò dal di dentro in *Roma*: macchine disperatamente incagliate nella fiumana d'acciaio, gente rassegnata o bestemmiante, inutili tentativi di sorpasso in spazi immaginari che si aprono e subito si chiudono, caos e tempo che fugge nell'immobilità del tutto. Ora le corsie si sono moltiplicate, ci sono gli autogrill, e anche il paesaggio intorno non è piú lo stesso. Non si vedono piú le prostitute mollemente appoggiate ai guardrail, le greggi che pascolano nei campi all'interno dell'anello, le casupole disordinate cresciute in una notte, come funghi matti sul bordo del fiume d'asfalto. Ora, viaggiando sempre a passo d'uomo, osserviamo la torre trasparente che accoglie Smart modaiole a tutti i piani, ci stupiamo per gli alberghi imponenti e i borghi di case nuove, costruite con ordine e malinconia. Ma c'è una bellezza lancinante che è rimasta identica nel tempo, un'immagine che non stanca mai e che ogni romano conserva viva nella mente. Guai se svanisse, sarebbe come perdere il Colosseo o la Fontana di Trevi! Di sicuro nessun turista arriverà fino al Raccordo per fotografare questo prezioso monumento alla luce, nessuno straniero potrebbe capire perché a noi piace, e quanto, ma non importa. È chiaro di cosa sto parlando, ci siamo capiti al volo, vero? D'accordo, sarò piú esplicito: come tutti i romani io amo i magazzini dei lampadari, quegli edifici di vetro tra gli svincoli per la Tuscolana e l'Appia che d'improvviso, sul far della sera, quando il buio comincia a mangiarsi il cielo, s'illuminano come povere stelle. È un attimo, il tempo necessario a un custode per pigiare un interruttore o per battere le mani, come in una favola, e centinaia di lampadari di cristallo o di stoffa, e applique, abat-jour, lampade da tavolo, lampadine d'ogni forma e genere iniziano a irradiare la loro luce. È uno spettacolo da niente, ma è un grande spettacolo, e chi passa in quel momento davanti a quella supernova di periferia, per quel piccolo istante è felice.

Palazzo Colonna, Palazzo Barberini, Palazzo Ruspoli, Palazzo Lancellotti, Palazzo Farnese e tanti altri illustri palazzi riempiono la nostra città con la loro bellezza e le loro storie d'intrighi, complotti, successioni. In quegli splendidi edifici molto si è goduto e ancora di piú tramato. Mettono quasi soggezione, tanto sono colmi di capolavori dell'arte e d'inespugnabili segreti. Visitarli è spesso impossibile, possiamo solo ammirarli dalla strada e immaginare la fuga delle stanze, la magnificenza dei saloni, la vita ombrosa di chi nei secoli da lí dentro decise la sorte dei Papi e della città. La nobiltà romana è sempre stata un miscuglio di superbia e vanità, di mecenatismo e ignoranza, e i suoi preziosi palazzi sono scrigni che nessun uomo comune può forzare. Ma tra i tanti palazzi del centro ce n'è uno, in via dei Banchi Vecchi, che pare piú alla mano, che vorrebbe e non può, e fa quasi ridere i passanti, come un buffoncello di corte.

Sappiamo come siamo fatti noi romani: ci piace stringere un discorso in una frase, riassumere un carattere complicato in un soprannome. Insomma, questo palazzetto del Cinquecento, ormai affumicato e corroso dallo smog, si fregia di troppe decorazioni: ci sono teste di leone, amorini dai mantelli svolazzanti, maschere mostruose, torsi ed elmi e scudi di guerrieri, festoni e cornucopie di frutta, e all'ultimo piano bassorilievi che raccontano storie ignote della classicità. È un simpatico pasticcio d'immagini accroccate per dare nobiltà a una piccola facciata. Ebbene, da sempre è stato beffardamente battezzato il Palazzo dei Pupazzi! È come il teatrino delle marionette accanto ai teatri dell'opera e della prosa, un intruso che si vuol far rispettare, un piccoletto che canta e strilla. E devo riconoscere che ci riesce perfettamente: e il suo nome gli regala un tocco di allegra pazzia che ce lo rende caro. Al pian terreno c'è una delle piú antiche farmacie della città, che pare messa lí per lenire il gran mal di testa che le pesa in capo. «E che, c'ho i pupazzetti in faccia?» dice il romano quando qualcuno ride di lui e non si sa perché. E forse lo direbbe anche questo palazzo, se potesse parlare.

Come funghi spuntano in ogni angolo della città nuovi pub, non c'è ragazzo romano che non abbia sognato almeno per un minuto di aprire anche lui, insieme a tre amici, un localino irlandese dove servire birre chiare e rosse e dove far suonare ogni tanto qualche ballata brumosa o una giga scatenata. Questi pub si assomigliano un po' tutti: il bancone di legno scuro, la collezione di sottobicchieri di cartone incollati a una parete, il bersaglio per le freccette, alta in un angolo una televisione sintonizzata su un canale musicale, e poi fumo, chiasso, tavolinetti carichi di boccali, il bagno sempre occupato, tanti giovani che con pochi soldi svoltano una serata. Anche i nomi di questi pub si somigliano, scritti oro su nero in caratteri gotici rievocano un mondo lontano nel tempo e nello spazio, un Nord Europa piú sognato che reale.

Cosí l'altro giorno sono rimasto folgorato passando per viale delle Province, stradone incerto tra il fervore delle tante officine meccaniche e la malinconia dei cipressi del Verano schierati sul fondo. Sulla destra c'è un piccolo pub che si chiama

Seamus Heaney: proprio lui, il poeta irlandese premio Nobel per la letteratura del 1995. I suoi libri tradotti in italiano sono ospitati in una vetrinetta all'ingresso del locale: *Station Island*, *Attraversamenti*, *Veder cose*, *Il governo della lingua*, tutti affettuosamente autografati. «Acqua che scorre non ha mai deluso. | Attraversare l'acqua dava sempre un risultato. | Le pietre d'un guado erano stazioni dell'anima», scriveva Heaney in una sua lirica: ma so che pure la birra che scorre non l'ha mai deluso, che pure gli sgabelli davanti al bancone sono stati per lui stazioni dell'anima. E difatti quando è venuto a Roma per un convegno è passato anche da qui, il grande poeta, in questo pub a lui dedicato, a chiacchierare con la sua voce ispirata e possente e a spillare birra per i clienti. Sarebbe bello se altri locali seguissero questa scelta: immaginiamo una pizzeria *Dudú La Capria*, un sushi bar *Banana Yoshimoto*, un fast food *Don De Lillo*. Immaginiamo una città in cui la vita quotidiana e la letteratura si mescolano semplicemente. Una città aperta come un libro.

Un caro ringraziamento a Giuseppe Cerasa, che ha incoraggiato il mio animo vagabondo a girare e a raccontare la città sulle pagine romane di «la Repubblica».

Stampato per conto della Casa editrice Einaudi
Presso Mondadori Printing S.p.a., Stabilimento N.S.M., Cles (Trento)

C.L. 19297

Edizione						Anno			
5	6	7	8	9		2011	2012	2013	2014